改訂版

しゃべっていいとも中国語

中国語について

1. 中国語はなぜ "汉语 Hànyǔ"（漢語）と呼ばれるの？

　中国は13億以上の人口を有する国で，また，56の民族が暮らす多民族国家でもあります。一口に中国語といっても，56の民族の言葉はすべて中国語に含まれるわけです。そうした沢山の言葉の中で，私たちが普段いう「中国語」とは中国全人口の9割以上を占める漢民族が使っている言葉，つまり「漢語」＝ "汉语" を指しています。

2. "普通话 pǔtōnghuà"（普通話）とは何？

　しかし，同じ "汉语" といっても，あれだけ広い中国の中には，多彩な方言があります。それぞれの方言と方言の間にまるで外国語のようにまったく通じないものもあります。このような事情を踏まえ，中国では北京方言の語音，北方方言の語彙，現代の模範的な口語文の文法を基にした標準語＝ "普通话" が使われています。"普通话" とは，つまり普く通じる言葉のこと。私たちがこれから習う中国語（汉语）は，この "普通话" のことを指しています。
　現在の中国では，学校教育やメディアなどでは，主にこの "普通话" が使用されています。

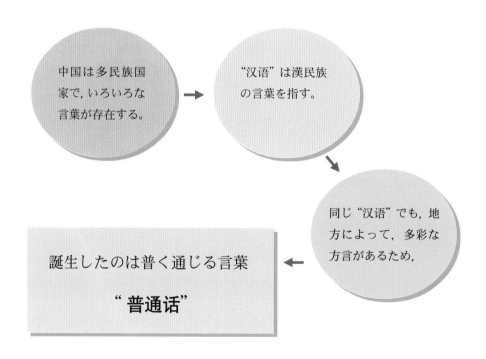

中国は多民族国家で，いろいろな言葉が存在する。

→

"汉语" は漢民族の言葉を指す。

同じ "汉语" でも，地方によって，多彩な方言があるため，

←

誕生したのは普く通じる言葉

" 普通话 "

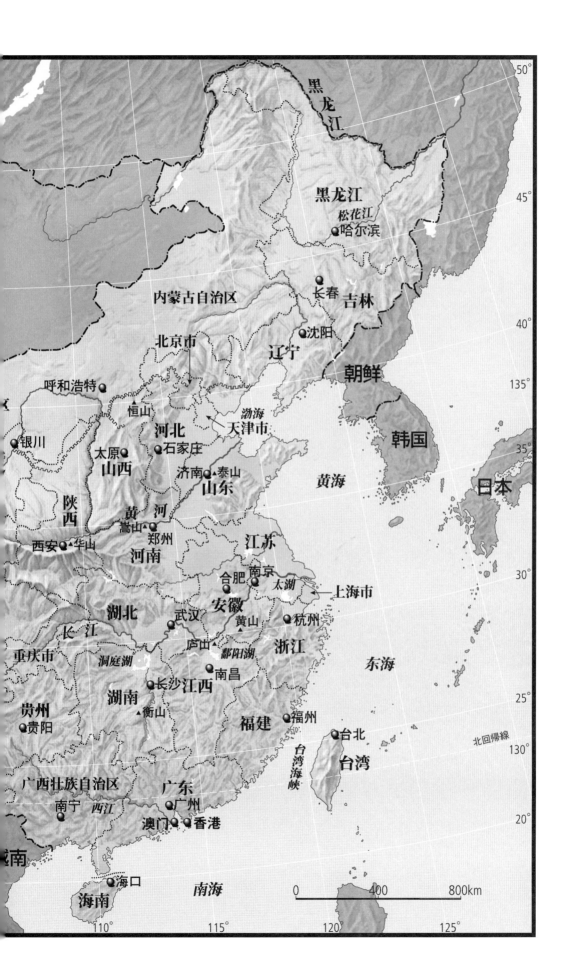

改訂版
しゃべっていいとも中国語

－中西君と一緒に中国へ行こう！－

陳淑梅

劉光赤

朝日出版社

音声ダウンロード

 音声再生アプリ「リスニング・トレーナー」(無料)

朝日出版社開発のアプリ、「リスニング・トレーナー（リストレ）」を使えば、教科書の
音声をスマホ、タブレットに簡単にダウンロードできます。どうぞご活用ください。

まずは「リストレ」アプリをダウンロード

▶ App Store はこちら　　　▶ Google Play はこちら

アプリ【リスニング・トレーナー】の使い方

❶ アプリを開き、「**コンテンツを追加**」をタップ

❷ QRコードをカメラで読み込む

❸ QRコードが読み取れない場合は、画面上部に **45388** を入力し「Done」をタップします

Webストリーミング音声／動画

音声

http://text.asahipress.com/free/ch/245388

スキット動画

http://text.asahipress.com/free/ch/245388V

● 音声吹込　毛興華　李焱

まえがき

　会話用のテキストを作る時はいつも，どのようにすれば学生たちが楽しく学習でき，また
リラックスして会話練習に取り組んでくれるかなあと考え込んでしまいます。しかし，文法
を網羅しなければならない，単語数を確保しなければならないなど，いろいろな制約から，
どうしても解説が多くなり，退屈なものになってしまいます。そのためなかなか，思うよう
には行きません。

　しかし，今回は著者の二人が議論に議論を重ね，また実験に実験を重ねて，目標である「学
びやすく，会話練習がしやすい」テキストを完成させることができました。
　このような理念のもとに作成された本書の特色は，以下の 4 点です。

１，一人で中国を旅行する日本人留学生中西君を軸に，自己紹介やホテルのチェックイン，
　　注文，買い物，マッサージ，スポーツ鑑賞など，中国で必ず出会う場面を取り上げ，さ
　　らに 1 行を 9 文字以内にまとめたコンパクトな会話文。

２，各課を「ポイント→本文→総合ドリル」という流れにし，最初に文法の「ポイント」を
　　学び，次に「本文」を用いた「会話練習」，最後に「総合ドリル」へと進み，学習のポ
　　イントを定着させながら，会話文が自然に口から出ることをねらいとした構成。

３，文法項目を 1 課につき 2 つに限定したことによる学習ポイントの明確化。

４，各課のエッセンスを「四行会話」にまとめた，覚えやすく，実践的な締めくくり。

　授業の進め方は，クラス編成や学習者のレベル，また各大学の授業体制などによっても異
なると思いますが，1 課につき 2 コマを当てるのが基本的なモデルです。1 コマ目に「ポ
イント」→「練習」→「本文」と進み，2 コマ目に「ワードバンク」を使った補充練習，そ
して「本文」の復習として「総合ドリル」と「四行会話」を行うというのが，著者が考案し
た進め方です。ただし，課によって難易度の差があるため，「ワードバンク」のページは 1
コマ目に行われることも方法の一つです。

　『しゃべっていいとも中国語−中西君と一緒に中国へ行こう！』というタイトル通り，楽
しい「中国旅行」を「教室」で体験していただければ幸いです。

2009 年秋　著者

改訂版に際して

　本教科書は 2010 年の初版から 13 年目に改訂版を出すことができました。言葉や表現
の変化に合わせ，本文の内容とワードバンクの新出語句を調整しました。また，著者本人
が自ら使用している中で，改善したいと思っていた練習問題などもこれを機会に修正しま
した。新たに WEB 動画も制作し，より学習者の意欲を引き出せるようになっております。
　本書を初級中国語の学習の一助としてご利用いただければ幸いです。

2023 年秋　著者

目　次

① 同学们好。	Tóngxuémen hǎo.	みなさん、こんにちは。
② 老师好。	Lǎoshī hǎo.	先生、こんにちは。
③ 开始上课。	Kāishǐ shàngkè.	授業を始めます。
④ 点名。	Diǎnmíng.	出席をとります。
⑤ 请打开书。	Qǐng dǎkāi shū.	本を開いてください。
⑥ 请看～页。	Qǐng kàn ~ yè.	～頁を見てください。
⑦ 请看黑板。	Qǐng kàn hēibǎn.	黒板を見てください。
⑧ 懂了吗?	Dǒngle ma?	わかりましたか。
⑨ 懂了。／不懂。	Dǒng le. / Bù dǒng.	わかりました。／わかりません。
⑩ 请跟我念。	Qǐng gēn wǒ niàn.	私について読んでください。
⑪ 请你念一下。	Qǐng nǐ niàn yíxià.	どうぞ読んでください。
⑫ 请再念一遍。	Qǐng zài niàn yí biàn.	もう一度読んでくさい。
⑬ 请大点儿声。	Qǐng dà diǎnr shēng.	少し大きな声でいってください。
⑭ 下课。	Xiàkè.	授業はこれで終わります。
⑮ 同学们 , 再见。	Tóngxuémen, zàijiàn.	皆さん、さようなら。

3. 簡体字

　中国語の表記にはすべて漢字が用いられています。漢字学習を容易にし，また，漢字を読みやすくするため，中国では1949年中華人民共和国成立後，独自に文字改革が行われ，日本とは異なった方法で"繁体字"（古い字体の漢字）を簡略化したのです。これを"簡体字 jiǎntǐzì"（簡体字）といいます。

　簡体字の作り方にはいろいろなパターンがあります。たとえば

◎ 偏や旁を略したもの：漢語→汉语、認識→认识、劉→刘
◎ 草書体を利用したもの：書→书、專→专、東→东
◎ 繁体字の一部分だけを残したもの：習→习、幹→干、業→业

　なお，簡体字は中国大陸のほかシンガポール，マレーシアなど東南アジアの中国系社会でも使われています。一方，台湾や香港では，今でも繁体字がそのまま使われています。

4. ピンイン

　中国語の発音表記にはローマ字が使われています。これを"拼音 pīnyīn"（ピンイン）といいます。中国語は声調言語で，1つ1つの音節に声調と呼ばれる高低アクセントがついています。中国語の声調には全部で4つのパターンがあるので「四声」ともいいます。同じ綴りでも，声調が違うと意味がまったく違いますので，ピンインは声調を含めてしっかり覚えていきましょう。

mā	má	mǎ	mà
妈	麻	马	骂
（お母さん）	（しびれる）	（馬）	（罵る）

　中国語の漢字の字体は日本語の漢字とかなり違うところがありますが，まったく同形同義のものもたくさんあります。例えば「学校，商店，手，足，花，草」などです。これらの知識を活かせば，きっと"事半功倍"＝「半分の労力で倍の成果をあげること」ができると信じております。

你 好　こんにちは
Nǐ hǎo

🔊 01

A： 你 好！　こんにちは！
Nǐ hǎo!

B： 你 好！　こんにちは！
Nǐ hǎo!

＊ ＊ ＊ ＊ ＊ ＊

A： 谢谢。　ありがとう。
Xièxie.

B： 不 客气。　どういたしまして。
Bú kèqi.

発音(1)

中国語の音節

　中国語では基本的に漢字1字が1音節です。中国語の音節は「声母」(頭の子音)と「韻母」(母音—「介音」「主母音」「韻尾」)，および「声調」(音の高低)という成分に分けられます。

声調			
声母	韻母		
	介音	主母音	韻尾
g	u	ā	ng
光			

声調

　中国語は一つ一つの音節に声調がついています。声調とは音の高さの種類をいいます。中国語には4つの声調があるので，「四声」ともいいます。

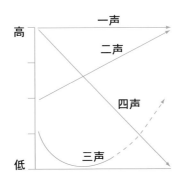

第一声「ー」：普通の声の高さより高く平らなまま持続します。
第二声「✓」：声を急激に上昇させ，驚いたときの「えー！なんでー！？」の「えー」。
第三声「∨」：声を低くおさえます。
第四声「＼」：高いところから急激に下降します。「あー、そーかー！」「あー」。

　同じ発音でも，声調が違うと意味が違います。

発音してみよう。　　　　　　　　　　　　　　　　　　　　　　　　　🔊 02

mā	má	mǎ	mà
妈	麻	马	骂
「お母さん」	「しびれる」	「馬」	「罵る」

wū	wú	wǔ	wù
屋	吴	五	物
「部屋」	「呉」	「五」	「物」

(軽声)　　　　　　　　　　　　　　　　　　　　　　　　　　　　　🔊 03

　四声のほかに「軽声」というものがあります。他の音節の後ろにつき，軽く短く発音されるもので，声調符号はつけません。

【例】

　　　māma（妈妈）　お母さん
　　　bàba（爸爸）　お父さん

(第三声の変調)　　　　　　　　　　　　　　　　　　　　　　　　　🔊 04

　第三声と第三声が連続すると，前の音節の第三声は第二声に変わります。

　nǐ　　hǎo　→　ní　　hǎo（你好）　ただし表記は第三声のままです。

(声調のすべての組み合わせ)　　　　　　　　　　　　　　　　　　　🔊 05

第一声	āā	āá	āǎ	āà	āa
第二声	óō	óó	óǒ	óò	óo
第三声	ǐī	ǐí	ǐǐ	ǐì	ǐi
第四声	ùū	ùú	ùǔ	ùù	ùu

("不 bù" の変調)

　"不 bù" はもともと第四声ですが，後に同じ第四声が続く場合，第二声に変わります。

【例】

　　　不客气　bú kèqi
　"一 yī" の変調については第 10 課ポイント 1 を参照。

◀)) 06

1 次のピンインを読んでみよう。

1) Nǐ hǎo
你 好

2) Xièxie
谢谢

3) Bú kèqi
不客气

4) mápó dòufu
麻婆豆腐

5) chǎofàn
炒饭

6) wūlóngchá
乌龙茶

2 音声を聞いて，読まれたものを選んでみよう。

1) ā á ǎ

2) í ì ǐ

3) ǔ ú ù

4) ò ǒ ō

3 音声を聞いて，声調をつけてみよう。

1) a

2) o

3) i

4) u

5) mama

6) baba

7) gege

8) yeye

第2课

明天见　また明日
Míngtiān jiàn

🔊 07

A ： 你　早。　おはようございます。
Nǐ　zǎo.

B ： 你　早。　おはようございます。
Nǐ　zǎo.

＊＊＊＊＊＊

A ： 再见。　さようなら。
Zàijiàn.

B ： 明天　见。　また明日。
Míngtiān　jiàn.

発音(2)

単母音　　　　　　　　　　　　　　　　　　　　　　　◀))) 08

中国語の母音には，次のように6つの基本音があります。

a  日本語の「ア」よりも口を大きく開けて，はっきり発音しましょう。

o 日本語の「オ」よりも唇が丸くなるようにして発音しましょう。

e  「オ」と言いながら，唇を横に引き，つまり「エ」の唇で，「オ」と発音する要領です。

i［yi］ 日本語の「イ」よりも口を横にぐっと引いて，するどく発音しましょう。

u［wu］ 日本語の「ウ」より口を思いきりまるく突き出して発音しましょう。

ü［yu］ 「イ」と言いながら，唇をuのように丸めて，横笛を吹くような形を作って発音しましょう。

［　］の中は母音の前に子音がつかず，単独で音節になる場合の表記方法です。

これらのほかに，舌をそり上げて発音するそり舌母音があります。

er［ə］「ア」というとすぐ，舌先をひょいっとそり上げましょう。

érzi　　　　ěrduo　　　　èrshí

儿子　　　　耳朵　　　　二十

（息子）　　　　（耳）　　　　（20）

　中国語の韻母には，2つもしくは3つの母音からなるものがあります。これを複母音といいます。

（1）介音（i / u / ü）＋主母音（a / e / o）

　　　　ia　　　　ie　　　　ua　　　　uo　　　　üe

（2）主母音（a / e / o）＋韻尾（i / u / o）

　　　　ai　　　　ei　　　　ao　　　　ou

（3）介音（i / u）＋主母音（a / e / o）＋韻尾（i / u / o）

　　　　iao　　　　iou　　　　uai　　　　uei

i / u / ü が単独で音節となる場合，書き方が変化します。

　i / u / ü が単独で音節となる場合は，i は y を，u は w を前につけ，ü は「¨」をとって y を前につけます。

　　　　i → yi　　　　u → wu　　　　ü → yu

また，i / u / ü が音節の先頭になる場合は，i を y に，u を w に，ü を yu に書きかえます。

　　　　ie → ye　　　　uo → wo　　　　üe → yue

---

e の発音の変化

　単母音 e は，ほかの音と組むと音色が変わってきます。その変わり方を紹介しておきましょう。

　　① 単母音 e のままの音　　　eng　（p18 参照）

　　②「ア」に近い音　　　er　　　軽声の e

　　③「エ」に近い音　　　ei　　ie　　üe　　en　（p18 参照）

ドリル

◀))) 10

1 発音してみよう。

1) è 　　　 2) á 　　　 3) ǒ 　　　 4) wū

5) áo 　　　 6) ēi 　　　 7) ǒu 　　　 8) yào

2 つづりに注意して発音してみよう。

yǔyī	wūyā	yīnyuè	wǔyì	ěryǔ
雨衣	乌鸦	音乐	武艺	耳语
（レインコート）	（カラス）	（音楽）	（武芸）	（耳打ちする）

3 音声を聞いて，読まれたほうを選んでみよう。

1) e 　 o 　　　 2) ao 　 ou 　　　 3) ye 　 ei 　　　 4) you 　 yao

5) yi 　 yu 　　　 6) wu 　 wo 　　　 7) ya 　 yao 　　　 8) yue 　 ye

4 発音を聞いて，左と右を線で結んでみよう。

ia	•		•	wu
iou	•		•	yue
u	•		•	ya
uo	•		•	wo
üe	•		•	you

第3课

谢谢 ありがとう
Xièxie

A ： **请 坐**。 どうぞ，おかけください。
Qǐng zuò.

B ： **谢谢**。 ありがとう。
Xièxie.

* * * * * *

A ： **对不起**。 すみません。
Duìbuqǐ.

B ： **没 关系**。 かまいません。
Méi guānxi.

発音(3)

子音 （1）　　　　　　　　　　　　　　　　　　　　　　　🔊 12

中国語の子音は全部で21あります。

	無気音	有気音	鼻音	摩擦音	有声音
唇音	b (o)	p (o)	m (o)	f (o)	
舌尖音	d (e)	t (e)	n (e)		l (e)
舌根音	g (e)	k (e)		h (e)	
舌面音	j (i)	q (i)		x (i)	
反り舌音	zh (i)	ch (i)		sh (i)	r (i)
舌歯音	z (i)	c (i)		s (i)	

〔 無気音と有気音 〕

　日本語では音の清濁を区別し，「か」は「蚊」を，「が」は「蛾」を指すように，まったく異なっています。中国語の無気音と有気音も，これに似ています。たとえば，無気音の「bó」（脖）は「首」，有気音の「pó」（婆）は「おばあさん」という意味なのです。
以下のピンインは，無気音・有気音の組み合わせになっています。

　　　b / p　　　d / t　　　g / k　　　j / q　　　zh / ch　　　z / c

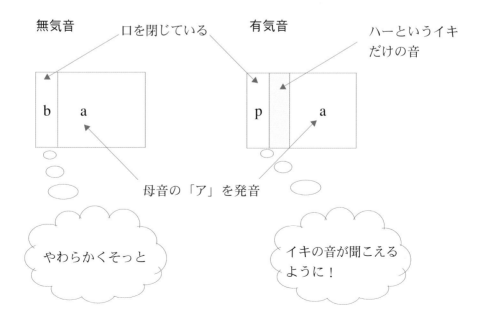

b	(o)	無気音です。イキの音がしないように「ポ」と。
p	(o)	有気音です。イキの音が出るように「ポ」と。
m	(o)	日本語のマ行とほぼ同じ。
f	(o)	上の歯と下の唇ですき間を作って発音します。英語のfと同じ。
d	(e)	無気音です。イキの音がしないように。
t	(e)	有気音です。イキの音が出るように，また「ツー」にならないように。
n	(e)	日本語のナ行とほぼ同じ。
l	(e)	舌の先を歯の裏につけて発音する。
g	(e)	無気音です。「ゴ」に近いですが，濁らないように。
k	(e)	有気音です。イキの音が出るように「コー」と。
h	(e)	のどの奥を摩擦させながらイキの音が出るように「ハー」と。
j	(i)	無気音です。「ジ」に近い発音ですが，濁らないように。
q	(i)	有気音です。イキの音が出るように「チー」と。
x	(i)	日本語の「シ」に近い。英語のseaの音（スィー）にならないように。

j / q / x にüが続く場合，üの上の「‥」は省略され，次のようにつづられます。

j＋ü→ju　　q＋ü→qu　　x＋ü→xu

声調記号のつけ方
  1) 声調記号は母音の上につけます。
  2) iの上に声調記号をつける場合は，iの上の「•」をとって声調記号を書いてください。
  3) 複母音の場合は，主母音—口の開きの大きい順につけます。以下のように：

aがあればaに。aがなければ，oかeに。iとuが並ぶ場合，後ろの方に。

◀)) 14

1 次の音節を発音してみよう。

Duìbuqǐ	Bú kèqi	dútè	xuéqī
对不起	不客气	独特	学期

2 音声を聞いて，読まれたほうを選んでみよう。

1) pā bā   2) hū fū   3) tā dā   4) gē kē

5) jiē qiē   6) fēi hēi   7) tī dī   8) kāi gāi

3 次の音節を聞いて，空欄に子音を入れてみよう。

(　)ǔ	(　)ǐ	(　)à	(　)ó	(　)ū
苦	体	大	婆	需

(　)ā	(　)ǔ	(　)ī	(　)é	(　)ǔ
八	古	七	河	旅

好久不见 お久しぶり
Hǎojiǔ bú jiàn

A: 好久 不 见。 お久しぶりです。
   Hǎojiǔ bú jiàn.

B: 好久 不 见。 お久しぶりです。
   Hǎojiǔ bú jiàn.

＊ ＊ ＊ ＊ ＊ ＊

A: 你 忙 吗? お忙しいですか。
   Nǐ máng ma ?

B: 还 可以。 まあまあです。
   Hái kěyǐ.

発音(4)

子音（2）

🔊 16

そり舌音

「そり舌音」とは，舌先をそり上げて発音するものです。舌先は，上の歯茎の裏の，やや高くなった位置まで上げてください。その際たいせつなことは，図のように舌の表と裏の両方に空間をつくることです。音は，ややこもった音になります。

第 **4** 課

zh(i)	ch(i)	sh(i)	r(i)
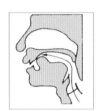	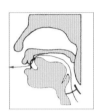	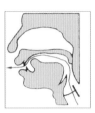	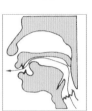

子音（15〜21）

zh(i)　そり舌音で無気音です。舌をそり上げ，イキの音がしないように，「チ」といってみましょう。

ch(i)　そり舌音で有気音です。舌をそり上げ，イキの音が出るように，「チ」といってみましょう。

sh(i)　そり舌音で舌をそり上げ，「シ」といってみましょう。

r (i)　そり舌音です。shiの要領で，声帯を勢いよく震わせ，濁った「shi」のような音を出します。「リ」とならないように注意しましょう。

z (i)　無気音です。イキの音がしないように「ツー」といってみましょう。

c (i)　有気音です。思いっきりイキの音が出るように「ツー」といってみましょう。

s (i)　口の端を横に引いて，「スー」といってみましょう。

隠れる e と o

複母音 iou，uei，uen が前に子音を伴う場合，真ん中のeやoは表記されません。

	iou → -iu	（例）j+iǒu → jiǔ	九
子音 ＋	uei → -ui	（例）h+uéi → huí	回
	uen → -un	（例）t+uēn → tūn	吞

17

鼻音 -n と -ng

中国語では，日本語で「ーン」という音を 2 つに区別します。-n と -ng です。実は，日本語でも，「アンナイ」(案内) の「アン」と「アンガイ」(案外) の「アン」のそれぞれの「ン」は違います。ゆっくり発音してみるとわかるように，「アンナイ」の方では，「ン」は上前歯の裏辺りに舌先がつき，「アンガイ」の方は，舌先はどこにもついていないはずです。「アンナイ」の「ーン」はつまり中国語の -n，「アンガイ」の「ーン」は中国語の -ng に相当するのです。

日本語の「アン」は…

中国語の an と ang

鼻音 -n と -ng を伴う母音

◀)) 17

an	en	ang	eng	ong
ian	in	iang	ing	iong
(yan)	(yin)	(yang)	(ying)	(yong)
uan	uen	uang	ueng	
(wan)	(wen)	(wang)	(weng)	
üan	ün			
(yuan)	(yun)			

〈注意〉 ian は「イエン」と，üan は「ユエン」と発音します。

r 化

◀)) 18

音節のおしまいに，舌をそり上げて発音するものがあります。これを「r 化」といいます。漢字では "儿" と書きますが，ピンインでは音節末に r だけをつけます。

a/e＋r	huār (花儿)	gēr (歌儿)	
-i＋r	xiǎoháir (小孩儿)	wèir (味儿)	←-i 脱落
-n＋r	wánr (玩儿)	yìdiǎnr (一点儿)	←-n 脱落
-ng＋r	yǒu kòngr (有空儿)	xìnfēngr (信封儿)	←鼻音化

ドリル

1 次の単語を発音してみよう。

zhǐ（纸）⟷ chǐ（尺）　　chē（车）⟷ zhé（哲）
chǎo（炒）⟷ zhǎo（沼）　　ròu（肉）⟷ lóu（楼）

2 n と ng の違いに注意して発音してみよう。

xīnqíng（心情）　　xiànxiàng（现象）　　rénshēng（人生）　　yīngxióng（英雄）

3 r 化に注意して発音してみよう。

gàir（盖儿）　　　huàr（画儿）　　　xiǎo māor（小猫儿）　　　fànguǎnr（饭馆儿）

4 音声を聞いて，読まれたほうを選んでみよう。

1）zǎo　cǎo　　2）zì　cì　　3）zhì　jì　　4）xí　shí

5 次の音節を聞いて，空欄に子音を入れてみよう。

（　）ān　　　（　）ì　　　（　）uō　　　（　）á　　　（　）è　　　（　）ì
　山　　　　　日　　　　桌　　　　茶　　　　色　　　　字

迎接　出迎える
Yíngjiē

🔊 20

ポイント 1

名前のいい方

1. 姓のいい方

主語＋"姓"＋名字　　（～は○○という名字（姓）です。）
"姓"は「名字は○○である」という意味。

我　姓　中西。　　　　　私は中西と申します。
Wǒ xìng Zhōngxī.

2. 名前（フルネーム）のいい方

主語＋"叫"＋フルネーム　　（～は○○○○という名前です。）
"叫"は「(名前は) ～という」という意味。

我　叫　中西　阳介。　　私は中西陽介といいます。
Wǒ jiào Zhōngxī Yángjiè.

人称代名詞

	単　数	複　数
1人称	我 wǒ	我们 wǒmen
2人称	你 nǐ　　您 nín	你们 nǐmen
3人称	他　她 tā	他们　她们 tāmen

✎ 練習　日本語を中国語に訳してみよう。

1) 私は高（Gāo）と申します。

_____

2) 私の名前は高雪（Gāo Xuě）です。

_____

ポイント **2**

名前のたずね方

1. 姓をたずねる

您 贵姓?　　　　　　　お名前（姓）はなんとおっしゃいますか。
Nín guìxìng?

"您"は"你"（あなた）の丁寧な表現。"贵姓"は「ご芳名」という意味。
"您贵姓?"と聞かれたら，"姓"だけ答えます。

2. フルネームをたずねる

你 叫 什么 名字?　　　お名前（フルネーム）はなんといいますか。
Nǐ jiào shénme míngzi?

"什么"は疑問詞で「何」，"名字"は「名前」という意味。
"你叫什么名字"と聞かれたら，フルネームを答えます。

✎ **練 習**　日本語を中国語に訳してみよう。

1) お名前（姓）はなんとおっしゃいますか。
　　—私は中西といいます。

_____

2) お名前（フルネーム）は何といいますか。
　　—私は中西陽介といいます。

_____

3) 彼女の名前（フルネーム）は何といいますか。
　　—彼女は高雪といいます。

_____

🔊 22

高雪： 你　好！
　　　Nǐ　hǎo !

中西： 你　好！
　　　Nǐ　hǎo !

高雪： 请问，　您　贵姓？
　　　Qǐngwèn,　nín　guìxìng ?

中西： 我　姓　中西。　你　呢？
　　　Wǒ　xìng　Zhōngxī.　Nǐ　ne ?

高雪： 我　姓　高，　叫　高雪。
　　　Wǒ　xìng　Gāo,　jiào　Gāo Xuě.

中西： 我　叫　中西　阳介。
　　　Wǒ　jiào　Zhōngxī　Yángjiè.

高雪： 认识　你，　很　高兴。
　　　Rènshi　nǐ,　hěn　gāoxìng.

中西： 我　也　很　高兴。
　　　Wǒ　yě　hěn　gāoxìng.

新出単語

① 你 nǐ	代 あなた．きみ．	
② 你好 Nǐ hǎo	こんにちは．	
③ 请问 qǐngwèn	おたずねします．	
④ 您 nín	代 あなた．"你"の敬称．	
⑤ 贵姓 guìxìng	名 お名前．	
⑥ 姓 xìng	動 〜という姓である．	
⑦ 我 wǒ	代 わたし．	

⑧ 呢 ne	助 〜は？
⑨ 叫 jiào	動 〜という名前である．
⑩ 认识 rènshi	動 知り合う．
⑪ 很 hěn	副 とても．
⑫ 高兴 gāoxìng	形 うれしい．
⑬ 也 yě	副 〜も．

ワードバンク

王　新 (A)
Wáng Xīn
王新

西川　惠 (B)
Xīchuān Huì
西川恵

李　阳 (A)
Lǐ Yáng
李陽

高木　优 (B)
Gāomù Yōu
高木優

第 **5** 课

 本文とワードバンクの語句を使って空欄を埋め，会話練習をしてみよう。

A：您贵姓？

B：我姓（　　　　）。

A：你叫什么名字？

B：我叫（　　　　）。你呢？

A：我叫（　　　　）。

B：认识你，很高兴。

A：我（　　　　）很高兴。

 自分の名前を使って，会話練習をしてみよう。

Q：请问，您贵姓？　　　　A：（自分の姓で答えてみよう）

Q：你叫什么名字？　　　　A：（自分の名前で答えてみよう）

1 新出語句を書き取ってみよう。■■■■■■■■■■■■■■■■■■■■■■■■■■■■■■■

ピンイン　①＿＿＿＿＿＿　②＿＿＿＿＿＿　③＿＿＿＿＿＿

簡体字　＿＿＿＿＿＿＿＿＿＿＿＿＿＿＿＿＿＿＿＿＿＿＿＿

ピンイン　④＿＿＿＿＿＿　⑤＿＿＿＿＿＿　⑥＿＿＿＿＿＿

簡体字　＿＿＿＿＿＿＿＿＿＿＿＿＿＿＿＿＿＿＿＿＿＿＿＿

2 日本語の意味に合うように，語順を並べ替えてみよう。■■■■■■■■■■■■■■■■

1. 私は李陽と申します。

　　　叫　　我　　李阳

　＿＿＿＿＿＿＿＿＿＿＿＿＿＿＿＿＿＿＿＿＿＿＿＿＿＿＿＿

2. お会いできて，とてもうれしいです。

　　　高兴　　你　　很　　认识

　＿＿＿＿＿＿＿＿＿＿＿＿＿＿＿＿＿＿＿＿＿＿＿＿＿＿＿＿

3. 私もうれしいです。

　　　也　　很　　我　　高兴

　＿＿＿＿＿＿＿＿＿＿＿＿＿＿＿＿＿＿＿＿＿＿＿＿＿＿＿＿

3 次の語を適切な場所に入れてみよう。 ■■■■■■■■■■■■■■■■■■■■■■■■■■■■

1) 叫——我姓（　1　）西川,（　2　）西川（　3　）惠。

2) 你——认识（　1　）,（　2　）很（　3　）高兴。

4 空欄を埋めて，文章を訳してみよう。 ■■■■■■■■■■■■■■■■■■■■■■■■■

我（　　　　　）高,（　　　　　　）高雪。他姓中西，叫（　　　　　）。
（　　　　　）他,我（　　　　　）高兴。

Wǒ（　　　　）Gāo,（　　　　　）Gāo Xuě. Tā xìng Zhōngxī, jiào（　　　　　）.
（　　　　）tā, wǒ（　　　　）gāoxìng.

日本語訳 _____

_____

5 第5課のエッセンス—四行会話をしっかり暗記しよう。 ■■■■■■■■■■■■■■■■■■■■

A　您贵姓?　　　　　　　　Nín guìxìng?

B　我姓中西。　　　　　　　Wǒ xìng Zhōngxī.

A　认识你，很高兴。　　　　Rènshi nǐ, hěn gāoxìng.

B　我也很高兴。　　　　　　Wǒ yě hěn gāoxìng.

欢迎会　歓迎パーティー
Huānyínghuì

🔊 25

ポイント1

動詞 "是 shì"

"是" は「〜は…である」という意味。

> 肯定文　A（主語）＋ "**是**" ＋B（目的語）（AはBである）
> 否定文　A（主語）＋ "**不**" ＋ "**是**" ＋B（目的語）（AはBではない）
> 疑問文　A（主語）＋ "**是**" ＋B（目的語）＋ "**吗**"？（AはBであるか）

① 我　是　日本人。　　私は日本人です。
　 Wǒ　shì　Rìběnrén.

② 我　不　是　中国人。　私は中国人ではありません。
　 Wǒ　bú　shì　Zhōngguórén.

③ 你　是　学生　吗?　　あなたは学生ですか。
　 Nǐ　shì　xuésheng　ma?

動詞の肯定と否定を並べて，反復疑問文を作ります。文末に "吗" を置きません。

④ 您　是　不　是　老师?　あなたは先生ですか。
　 Nín　shì　bu　shì　lǎoshī?

疑問詞（何，どこ，誰など）が入っている疑問文は文末に "吗" を置きません。

⑤ 你　是　哪　国　人？　　あなたはどこの国の人ですか。
　 Nǐ　shì　nǎ　guó　rén？

※ "哪国" は "どこの国" の意味で，疑問詞として使われています。

✏️ **練習**　日本語を中国語に訳してみよう。

1) 私は学生です。

_____

2) あなたは日本人ですか。（"吗" を使う疑問文と反復疑問文をそれぞれ作ってみよう。）

_____

ポイント **2**

助詞 "的 de"

"的" は「〜の」に当たります。

名詞＋"**的**" ＋名詞 　　（〜の…）

① 我　是　工业　大学　**的**　学生。　　　私は工業大学の学生です。
　　Wǒ　shì　Gōngyè　Dàxué　　de　xuésheng.

② 你　**的**　专业　是　什么?　　　あなたの専攻は何ですか。
　　Nǐ　　de　　zhuānyè　shì　shénme?

"**的**" の後ろに来る語が文脈でわかる場合省略できます。

③ 我　是　一年级　**的**（学生）。　　　私は一年次の学生です。
　　Wǒ　shì　　yīniánjí　　de.

第 **6** 课

✎ 練 習　　日本語を中国語に訳してみよう。

1)　彼は工業大学の学生ですか。

　　_____

2)　彼女は１年次の学生です。

　　_____

3)　あなたたちの専攻は何ですか。

　　_____

🔊 27

高雪： 你　是　日本人　吗?
　　　Nǐ　shì　Rìběnrén　ma?

中西： 对，我　是　日本人。
　　　Duì，wǒ　shì　Rìběnrén.

高雪： 你　是　哪个　大学　的　学生?
　　　Nǐ　shì　něige　dàxué　de　xuésheng?

中西： 我　是　工业　大学　的　学生。
　　　Wǒ　shì　Gōngyè　Dàxué　de　xuésheng.

高雪： 你　的　专业　是　什么?
　　　Nǐ　de　zhuānyè　shì　shénme?

中西： 我　的　专业　是　建筑学。
　　　Wǒ　de　zhuānyè　shì　jiànzhùxué.

高雪： 你　是　几　年级　的　学生?
　　　Nǐ　shì　jǐ　niánjí　de　xuésheng?

中西： 我　是　一　年级　的　学生。
　　　Wǒ　shì　yī　niánjí　de　xuésheng.

新出単語

① 是 shì　　　　　　動 である.
② 日本人 Rìběnrén　名 日本人.
③ 吗 ma　　　　　　助 〜か.
④ 对 duì　　　　　　形 そのとおり.
⑤ 哪个 něige　　　　代 どの.
⑥ 大学 dàxué　　　 名 大学.
⑦ 的 de　　　　　　助 の.

⑧ 学生 xuésheng　　　名 学生.
⑨ 工业大学 Gōngyè Dàxué　名 工業大学.
⑩ 专业 zhuānyè　　　名 専攻.
⑪ 什么 shénme　　　 代 なに.
⑫ 建筑学 jiànzhùxué 名 建築学.
⑬ 几 jǐ　　　　　　数 いくつ.
⑭ 年级 niánjí　　　 名 学年.

ワードバンク

中国人
Zhōngguórén
中国人

外语大学
Wàiyǔ Dàxué
外国語大学

韩国人
Hánguórén
韓国人

农业大学
Nóngyè Dàxué
農業大学

美国人
Měiguórén
アメリカ人

医科大学
Yīkē Dàxué
医科大学

法国人
Fǎguórén
フランス人

美术大学
Měishù Dàxué
美術大学

第 6 課

 本文とワードバンクの語句を使って空欄を埋め，会話練習をしてみよう。

A:你是（　　　　）吗?

B:对，我是（　　　　）。

A:你是哪个大学的学生?

B:我是（　　　）的学生。

A:你是几年级的?

B:我是（　　）年级的。

（自分の学年を言ってみよう。）

1 新出語句を書き取ってみよう。■■■■■■■■■■■■■■■■■■■■■■■■■■■■■■■■■

ピンイン ① _____ ② _____ ③ _____

簡体字 _____

ピンイン ④ _____ ⑤ _____ ⑥ _____

簡体字 _____

2 日本語の意味に合うように，語順を並べ替えてみよう。■■■■■■■■■■■■■■■■■■■■■

1. 私は工業大学の学生です。

　　　工业大学　　　我　　　的　　　学生　　　是

　　_____

2. 私は一年次の学生です。

　　　学生　　　一年级　　　我　　　是　　　的

　　_____

3. あなたの専攻は何ですか。

　　　是　　　你　　　专业　　　什么　　　的

　　_____

3 次の語を適切な場所に入れてみよう。

1）的──我（　1　）是（　2　）外语大学（　3　）学生。

2）哪个──（　1　）您是（　2　）大学的（　3　）老师?

4 中西さんの自己紹介文を読んでみよう。また、例にしたがって自身の自己紹介文を書き発表してみよう。

我姓中西，叫中西阳介。我（　　　　　）日本人，我是工业大学一年级（　　　　　）学生。我的（　　　　　）是建筑学。

Wǒ xìng Zhōngxī, jiào Zhōngxī Yángjiè. Wǒ（　　　　）Rìběnrén, wǒ shì Gōngyè Dàxué yī niánjí（　　　　）xuésheng. Wǒ de（　　　）shì jiànzhùxué.

自身の自己紹介文：_____

_____

5 第6課のエッセンス─四行会話をしっかり暗記しよう。

A　你是日本人吗?　　　　　Nǐ shì Rìběnrén ma?

B　对，我是日本人。　　　　Duì, wǒ shì Rìběnrén.

A　你是哪个大学的学生?　　Nǐ shì něige dàxué de xuésheng?

B　我是工业大学的学生。　　Wǒ shì Gōngyè Dàxué de xuésheng.

打的
Dǎdī

タクシーに乗る

ポイント1

基本語順　S＋V＋O

中国語の基本語順は「S（主語）＋V（動詞）＋O（目的語）」。

肯定文	主語＋動詞＋目的語
否定文	主語＋"不"＋動詞＋目的語
疑問文	主語＋動詞＋目的語＋"吗"？

① 我　学　汉语。　　　　私は中国語を勉強します。
　 Wǒ　xué　Hànyǔ.

② 他　不　学　英语。　　彼は英語を勉強しません。
　 Tā　bù　xué　Yīngyǔ.

③ 你　买　杂志　吗?　　あなたは雑誌を買いますか。
　 Nǐ　mǎi　zázhì　ma?

　 你　买　不　买　杂志?
　 Nǐ　mǎi　bu　mǎi　zázhì?

✐ 練習　　日本語を中国語に訳してみよう。

1) 私は英語を勉強します。

_____

2) 彼は雑誌を買いません。

_____

3) あなたは中国語を勉強しますか。

_____

ポイント **2**

二つ以上の動詞からなる文——連動文

連動文は動作行為の行う順番に並べます。

S（主語）＋V（動詞）$_1$＋O（目的語）＋V（動詞）$_2$＋O（目的語）

① 我 去 买 车票。   私は列車の切符を買いに行きます。
   Wǒ qù mǎi chēpiào.

（"车票"はバスの切符や地下鉄の切符にも使えます）。

② 他 来 日本 学 日语。   彼は日本に来て日本語を勉強します。
   Tā lái Rìběn xué Rìyǔ.

③ 我们 打的 去 北京站 吧。 私たちはタクシーに乗って北京駅へ
   Wǒmen dǎdī qù Běijīngzhàn ba. 行きましょう。

第 **7** 课

✏ 練習   **日本語を中国語に訳してみよう。**

1）私は北京に行って中国語を勉強します。

_____

2）彼は列車の切符を買いに行きます。

_____

3）私は北京駅へ列車の切符を買いに行きます。

_____

◆ 本 文

🔊 32

司机： 先生， 您 去 哪儿？
Xiānsheng, nín qù nǎr ?

中西： 我 去 北京站。
Wǒ qù Běijīngzhàn.

司机： 好 的。 您 去 接 人 吗？
Hǎo de. Nín qù jiē rén ma ?

中西： 不， 我 去 买 车票。
Bù, wǒ qù mǎi chēpiào.

司机： 您 是 南方人 吧？
Nín shì nánfāngrén ba?

中西： 不 是， 我 是 日本人。
Bú shì, wǒ shì Rìběnrén.

· ·

司机： 先生， 这儿 就 是 北京站。
Xiānsheng, zhèr jiù shì Běijīngzhàn.

中西： 谢谢， 再见。
Xièxie, zàijiàn.

新出単語

① 司机 sījī 　　名 運転手.
② 先生 xiānsheng 　名 ～さん(男性に対して使う).
③ 去 qù 　　動 行く.
④ 哪儿 nǎr 　　代 どこ.
⑤ 北京站 Běijīngzhàn 　名 北京駅.
⑥ 好的 hǎode 　よろしい.
⑦ 接人 jiē rén 　出迎える.
⑧ 不 bù 　　副 いいえ.

⑨ 买 mǎi 　　動 買う.
⑩ 车票 chēpiào 　名 列車の切符.
⑪ 南方人 nánfāngrén※ 　名 南方出身の方.
⑫ 吧 ba 　　助 ～でしょう. ～ましょう.
⑬ 这儿 zhèr 　代 ここ.
⑭ 就 jiù 　　副 まさに. まさしく.
⑮ 谢谢 xièxie 　ありがとう.
⑯ 再见 zàijiàn 　さようなら.

※ 長江を境に南方と北方に分かれていると言われています.
　 "南方人"とは長江の南の出身の人という意味です。言葉のアクセントなど違いがあります。

ワードバンク

书店
shūdiàn
本屋

买　书　　/　　买　地图
mǎi shū 　　　　mǎi dìtú
本を買う　　　　地図を買う

邮局
yóujú
郵便局

寄　信　　/　　取　包裹
jì　xìn 　　　　qǔ　bāoguǒ
手紙を出す　　　小包みを受け取る

图书馆
túshūguǎn
図書館

借　书　　/　　看　书
jiè shū 　　　　kàn shū
本を借りる　　　本を読む

第 7 课

餐厅
cāntīng
レストラン

吃饭　　　　/　　打工
chīfàn 　　　　　dǎgōng
ごはんを食べる　アルバイトをする

 本文とワードバンクの語句を使って空欄を埋め，会話練習をしてみよう。

A：您去哪儿?

B：我去（　　　　）。

A：您去（　　　）吗?

B：不,我去（　　　　）。

A：这儿就是（　　　）。

B：谢谢，再见。

1 新出語句を書き取ってみよう。▪▪▪▪▪▪▪▪▪▪▪▪▪▪▪▪▪▪▪▪▪▪▪▪▪▪▪▪▪▪▪▪▪

ピンイン　①＿＿＿＿＿　②＿＿＿＿＿　③＿＿＿＿＿

簡体字＿＿＿＿＿＿＿＿＿＿＿＿＿＿＿＿＿＿＿＿＿＿

ピンイン　④＿＿＿＿＿　⑤＿＿＿＿＿　⑥＿＿＿＿＿

簡体字＿＿＿＿＿＿＿＿＿＿＿＿＿＿＿＿＿＿＿＿＿＿

2 日本語の意味に合うように，語順を並べ替えてみよう。▪▪▪▪▪▪▪▪▪▪▪▪▪▪▪▪▪▪▪▪

1. お出迎えですか。

    接人　　去　　吗　　您

    ＿＿＿＿＿＿＿＿＿＿＿＿＿＿＿＿＿＿＿＿＿＿＿

2. 私は列車の切符を買いに行きます。

    买　　去　　我　　车票

    ＿＿＿＿＿＿＿＿＿＿＿＿＿＿＿＿＿＿＿＿＿＿＿

3. ここが北京駅です。

    北京站　　是　　这儿　　就

    ＿＿＿＿＿＿＿＿＿＿＿＿＿＿＿＿＿＿＿＿＿＿＿

3 次の語を適切な場所に入れてみよう。

1) 买——我 （ 1 ） 去 （ 2 ） 地图 （ 3 ）。

2) 就——这儿 （ 1 ） 是 （ 2 ） 邮局 （ 3 ）。

4 空欄を埋めて，文章を訳してみよう。

中西打的（　　　　　）北京站，他去买（　　　　　　）。司机问（尋ねる）："您

（　　　　　）南方人吧？"中西说（言う）："我（　　　　）南方人，我是日本人。"

Zhōngxī dǎdī （　　　　） Běijīngzhàn, tā qù mǎi （　　　　）. Sījī wèn: "Nín

（　　　　） nánfāngrén ba?" Zhōngxī shuō: "Wǒ （　　　　） nánfāngrén, wǒ shì Rìběnrén."

日本語訳

5 第7課のエッセンス—四行会話をしっかり暗記しよう。

A　您去哪儿?　　　　　　　　Nín qù nǎr?

B　我去北京站。　　　　　　　Wǒ qù Běijīngzhàn.

A　您去接人吗?　　　　　　　Nín qù jiē rén ma?

B　不，我去买车票。　　　　　Bù, wǒ qù mǎi chēpiào.

住宿　宿泊する
Zhùsù

ポイント1

希望や願望を表す助動詞"想 xiǎng"

助動詞"**想**"は「～したい」,「～したいと思う」という意味を表します。
助動詞は動詞の前に置かれます。否定文の場合は助動詞の前に"**不**"を置きます。

主語＋"**想**"＋動詞＋（目的語）

① 我　想　学　汉语。　　　私は中国語を勉強したいです。
Wǒ　xiǎng　xué　Hànyǔ.

② 我　不　想　学　法语。　　私はフランス語を勉強したくありません。
Wǒ　bù　xiǎng　xué　Fǎyǔ.

③ 你　想　住　标准间　吗?　　あなたはスタンダードルームに泊まりたい
Nǐ　xiǎng　zhù　biāozhǔnjiān　ma?　　ですか。

④ 你　想　不　想　听　音乐?　　あなたは音楽を聴きたいですか。
Nǐ　xiǎng　bu　xiǎng　tīng　yīnyuè?

✏ **練習**　日本語を中国語に訳してみよう。

1) 私はスタンダードルームを希望します。

_____

2) 彼女は音楽を聴きたくありません。

_____

3) あなたは中国語を勉強したいですか。

_____

ポイント **2**

「～を持っている」,「～に…がある/いる」を表す動詞 "有 yǒu"

"有" は「～を持っている」と「…に～がある/いる」と二つの意味を表します。否定文は "有" の前に "不" ではなく "没" を置きます。

1. 「～を持っている」を表す "有"

主語（ヒト）＋ "有" ＋目的語（モノ）

① 我　有　信用卡。　　　私はクレジットカードを持っています。
　 Wǒ　yǒu　xìnyòngkǎ.

② 我　没有　护照。　　　私はパスポートを持っていません。
　 Wǒ　méiyou　hùzhào.

2. 「…に～がある/いる」を表す "有"

主語（場所を表す語）＋ "有" ＋目的語（モノ/ヒト）

附近　有　快餐店　吗?　　　近くにファーストフード店がありますか。
Fùjìn　yǒu　kuàicāndiàn ma?

第 **8** 課

指示代名詞	これ	それ, あれ	どれ
主語の場合	这 zhè	那 nà	哪 nǎ
主語・目的語の場合	这个 zhège(zhèige)	那个 nàge(nèige)	哪个 nǎge(něige)

話し言葉の場合は（　　）のほうがよく使われます。

这　是　我　的　信用卡。　　　これは私のクレジットカードです。
Zhè　shì　wǒ　de　xìnyòngkǎ.

✎ 練習　日本語を中国語に訳してみよう。

1)　私はパスポートを持っています。

_____

2)　ここにファーストフード店はありません。

_____

◆ 本 文

服务员： 欢迎　　光临！
　　　　 Huānyíng　guānglín！

中西： 我　想　住宿。
　　　　Wǒ　xiǎng　zhùsù.

服务员： 您　想　住　什么　房间？
　　　　 Nín　xiǎng　zhù　shénme　fángjiān？

中西： 我　想　住　标准间。
　　　　Wǒ　xiǎng　zhù　biāozhǔnjiān.

服务员： 您　有　证件　吗？
　　　　 Nín　yǒu　zhèngjiàn　ma？

中西： 有，　这　是　我　的　护照。
　　　　Yǒu,　zhè　shì　wǒ　de　hùzhào.

服务员： 您　有　没有　信用卡？
　　　　 Nín　yǒu　méiyou　xìnyòngkǎ？

中西： 对不起，　没有。
　　　　Duìbuqǐ,　méiyou.

新出単語

① 服务员 fúwùyuán　名 従業員. 店員.
② 欢迎光临 huānyíng guānglín　いらっしゃい
　　　　　　　　　　　　　　　　ませ.
③ 想 xiǎng　　　　助動 ～したい.
④ 住宿 zhùsù　　　動 宿泊する.
⑤ 住 zhù　　　　　動 泊まる.
⑥ 什么 shénme　　代 どのような. なに.
⑦ 房间 fángjiān　　名 部屋.

⑧ 标准间 biāozhǔnjiān 名 スタンダードルーム.
⑨ 有 yǒu　　　　　動 ある. 持っている.
⑩ 证件 zhèngjiàn　　名 証明書類.
⑪ 这 zhè　　　　　代 これ.
⑫ 护照 hùzhào　　　名 パスポート.
⑬ 信用卡 xìnyòngkǎ 名 クレジットカード.
⑭ 对不起 duìbuqǐ　　動 ごめんなさい.
⑮ 没有 méiyou　　　動 持ってない. ない.

ワードバンク

买　词典
mǎi　cídiǎn
辞書を買う

中日　词典　／　日中　词典
Zhōngrì cídiǎn　　Rìzhōng cídiǎn
　　中日辞典　　　　　　日中辞典

喝　茶
hē　chá
お茶を飲む

乌龙茶　　　　／　　　绿茶
wūlóngchá　　　　　　　lùchá
　ウーロン茶　　　　　　　緑茶

吃　水果
chī shuǐguǒ
果物を食べる

苹果　　　　　／　　　香蕉
píngguǒ　　　　　　　xiāngjiāo
　リンゴ　　　　　　　　バナナ

买　鞋
mǎi　xié
靴を買う

运动鞋　　　／　　　皮鞋
yùndòngxié　　　　　píxié
　運動靴　　　　　　　革靴

第 8 課

✎ 本文とワードバンクの語句を使って空欄を埋め，会話練習をしてみよう。

A：欢迎光临。

B：我想（　　　　）。

A：您想要什么（　　　）？

B：我想要（　　　　）。

A：对不起，没有。

B：有（　　　）吗？

A：有。

41

1 新出語句を書き取ってみよう。▫▫▫▫▫▫▫▫▫▫▫▫▫▫▫▫▫▫▫▫▫▫▫▫▫▫▫▫▫

ピンイン　①_____　②_____　③_____

簡体字　_____

ピンイン　④_____　⑤_____　⑥_____

簡体字　_____

2 日本語の意味に合うように，語順を並べ替えてみよう。▫▫▫▫▫▫▫▫▫▫▫▫▫

1.　どのような部屋が希望ですか。

　　　房间　　住　　您　　什么　　想

　　_____

2.　これは私のパスポートです。

　　　的　　我　　这　　护照　　是

　　_____

3.　あなたはクレジットカードをもっていますか。

　　　没有　　信用卡　　有　　你

　　_____

3 次の語を適切な場所に入れてみよう。

1) 想——您（　1　）喝（　2　）什么茶（　3　）？

2) 没有——您（　1　）有（　2　）中日词典（　3　）？

4 空欄を埋めて、文章を訳してみよう。

中西（　　　　　）住宿，他想（　　　　　　　）标准间。服务员问："您
（　　　　　）证件？"中西回答："有，（　　　　　）是我的护照。"

Zhōngxī（　　　　　）zhùsù, tā xiǎng（　　　　　）biāozhǔnjiān. Fúwùyuán wèn: "Nín
（　　　　）zhèngjiàn?" Zhōngxī huídá: "Yǒu,（　　　　）shì wǒ de hùzhào."

日本語訳 _____

_____

5 第8課のエッセンス—四行会話をしっかり暗記しよう。

A	您想住什么房间？	Nín xiǎng zhù shénme fángjiān?
B	我想住标准间。	Wǒ xiǎng zhù biāozhǔnjiān.
A	您有没有信用卡？	Nín yǒu méiyou xìnyòngkǎ?
B	对不起，没有。	Duìbuqǐ, méiyou.

43

问路　道をたずねる
Wèn lù

ポイント 1

動詞 "在 zài"

"在" は動詞で，「～（モノやヒト）が…にある／いる」という意味を表します。

名詞（ヒト／モノ）＋ **"在"** ＋場所を表す語

① 邮局　在　银行　旁边儿。　　　郵便局は銀行の隣にあります。
　 Yóujú　zài　yínháng　pángbiānr.

② 食堂　不　在　这儿。　　　　　食堂はここにはありません。
　 Shítáng　bú　zài　zhèr.

③ 他　在　房间里。　　　　　　　彼は部屋にいます。
　 Tā　zài　fángjiānli.

方向位置を表すことば─方位詞

	一音節	二音節	
上	上 shàng	上边（儿）shàngbian(r)	上面 shàngmiàn
下	下 xià	下边（儿）xiàbian(r)	下面 xiàmiàn
前	前 qián	前边（儿）qiánbian(r)	前面 qiánmiàn
後	后 hòu	后边（儿）hòubian(r)	后面 hòumiàn
左	左 zuǒ	左边（儿）zuǒbian(r)	左面 zuǒmiàn
右	右 yòu	右边（儿）yòubian(r)	右面 yòumiàn
中	里 lǐ	里边（儿）lǐbian(r)	里面 lǐmiàn
そば	旁 páng	旁边（儿）pángbiān(r)	

方位詞は通常名詞のすぐ後ろに置かれます。ただし，二音節語は単独で使うこともできます。

例：银行在右边儿。
　　銀行は右側にあります。

（"上" と "里" は一音節の方位詞として使う場合，軽声となります。）

練習　日本語を中国語に訳してみよう。

銀行は郵便局の左側にあります。

ポイント **2**

前置詞 "从 cóng"，"往 wǎng"

"**从**" は空間や時間の起点を表し，日本語の「〜から」に相当します。"**往**" は動作が向かう方向を表し，日本語の「〜へ」に相当します。

前置詞＋名詞＋動詞フレーズ

① 从　这儿　往　左　拐。　　　ここから左へ曲がってください。
　 Cóng　zhèr　wǎng　zuǒ　guǎi.

② 从　这儿　一直　走。　　　　ここからまっすぐ行ってください。
　 Cóng　zhèr　yìzhí　zǒu.

場所を表す指示代名詞

ここ	そこ，あそこ	どこ
这儿 zhèr ／ 这里 zhèli	那儿 nàr ／ 那里 nàli	哪儿 nǎr ／ 哪里 nǎli
这边儿 zhè(zhèi)bianr	那边儿 nà(nèi)bianr	哪边儿 nǎ(něi)bianr

話し言葉の場合は（　　　）のほうがよく使われます。

银行　　在　哪儿？　　　　　銀行はどこにありますか。
Yínháng　zài　nǎr？

✏️ 練 習　　**日本語を中国語に訳してみよう。**

1) ここから右へ曲がってください。

_____

2) そこからまっすぐ行ってください。

_____

🔊 42

中西： 请问， 邮局 在 哪儿？
Qǐngwèn, yóujú zài nǎr?

过路人： 邮局 在 银行 旁边儿。
Yóujú zài yínháng pángbiānr.

中西： 从 这儿 怎么 走？
Cóng zhèr zěnme zǒu?

过路人： 一直 走， 然后 往 右 拐。
Yìzhí zǒu, ránhòu wǎng yòu guǎi.

中西： 在 道路 哪边儿？
Zài dàolù něibianr?

过路人： 在 左边儿。
Zài zuǒbianr.

中西： 谢谢 您。
Xièxie nín.

过路人： 不 客气。
Bú kèqi.

新出単語

① 邮局 yóujú	名 郵便局.	⑨ 一直 yìzhí	副 まっすぐに.
② 在 zài	動 ～にある．～にいる.	⑩ 然后 ránhòu	副 それから.
③ 过路人 guòlùrén	名 通行人.	⑪ 往 wǎng	前 ～へ行く.
④ 银行 yínháng	名 銀行.	⑫ 右 yòu	名 右.
⑤ 旁边儿 pángbiānr	名 そば．隣.	⑬ 拐 guǎi	動 曲がる.
⑥ 从 cóng	前 ～から.	⑭ 哪边儿 něibianr	代 どちら側.
⑦ 怎么 zěnme	代 どのように.	⑮ 左边儿 zuǒbianr	名 左側.
⑧ 走 zǒu	動 歩く.	⑯ 不客气 bú kèqi	どういたしまして.

ワードバンク

便利店
biànlìdiàn
コンビニエンスストア

学校前边儿
xuéxiào qiánbianr
学校の前

餐厅
cāntīng
レストラン

公园旁边儿
gōngyuán pángbiānr
公園の隣

医院
yīyuàn
病院

车站左边儿
chēzhàn zuǒbianr
駅の左側

电影院
diànyǐngyuàn
映画館

书店后边儿
shūdiàn hòubianr
本屋の裏側

✎ 本文とワードバンクの語句を使って空欄を埋め，会話練習をしてみよう。

第 9 課

A：请问，（　　　　）在哪儿?

B：在（　　　　）。

A：（　　　　）这儿怎么走?

B：一直走，然后（　　　　）左拐。

A：在道路哪边儿?

B：在右边儿。

■))44

1 新出語句を書き取ってみよう。 ■■■ ■

ピンイン　①＿＿＿＿＿＿　②＿＿＿＿＿＿　③＿＿＿＿＿＿

簡体字＿＿＿＿＿＿＿＿＿＿＿＿＿＿＿＿＿＿＿＿＿＿＿

ピンイン　④＿＿＿＿＿＿　⑤＿＿＿＿＿＿　⑥＿＿＿＿＿＿

簡体字＿＿＿＿＿＿＿＿＿＿＿＿＿＿＿＿＿＿＿＿＿＿＿

2 日本語の意味に合うように，語順を並べ替えてみよう。■ ■ ■ ■ ■ ■ ■ ■ ■ ■ ■ ■ ■ ■

1. 郵便局は銀行の隣にあります。

　　旁边儿　　银行　　在　　邮局

＿＿＿＿＿＿＿＿＿＿＿＿＿＿＿＿＿＿＿＿＿＿＿＿＿＿＿＿

2. ここからどう行けばいいですか。

　　走　　这儿　　从　　怎么

＿＿＿＿＿＿＿＿＿＿＿＿＿＿＿＿＿＿＿＿＿＿＿＿＿＿＿＿

3. まっすぐ行って，それから右へ曲がります。

　　拐　　然后　　走　　右　　往　　一直

＿＿＿＿＿＿＿＿＿＿＿＿＿＿＿＿＿＿＿＿＿＿＿＿＿＿＿＿

3 次の語を適切な場所に入れてみよう。

1) 在——（　　1　　）便利店（　　2　　）车站（　　3　　）旁边儿。

2) 往——从（　　1　　）这儿（　　2　　）左（　　3　　）拐。

4 空欄を埋めて，文章を訳してみよう。

　　　　中西去邮局寄信。邮局（　　　　　　　）银行旁边儿，从这儿（　　　　　　　）
走，然后（　　　　　　　）右拐。

　　　　Zhōngxī qù yóujú jìxìn. Yóujú（　　　　　　）yínháng pángbiānr, cóng zhèr（　　　　　　）
zǒu, ránhòu（　　　　　　）yòu guǎi.

日本語訳 _____

_____

5 第 9 課のエッセンス—四行会話をしっかり暗記しよう。

A　请问，邮局在哪儿?　　　　　Qǐngwèn, yóujú zài nǎr?

B　邮局在银行旁边儿。　　　　　Yóujú zài yínháng pángbiānr.

A　从这儿怎么走?　　　　　　　Cóng zhèr zěnme zǒu?

B　一直走，然后往右拐。　　　　Yìzhí zǒu, ránhòu wǎng yòu guǎi.

买东西
Mǎi dōngxi　　ショッピングをする

🔊 45

ポイント**1**

数のいい方

一	二	三	四	五	六	七	八	九	十
yī	èr	sān	sì	wǔ	liù	qī	bā	jiǔ	shí

十一	十二	九十九	一百
shíyī	shí'èr	jiǔshijiǔ	yìbǎi

一百 〇 一	一百 一十	一百 一十一	二百
yìbǎi líng yī	yìbǎi yīshí	yìbǎi yīshíyī	èrbǎi

"一"はもともと第1声ですが，後ろに第1,2,3声の音節が続く場合，第4声に変調し，第4声が続く場合，第2声に変調します。

中国のお金のいい方

中国のお金は"人民币 Rénmínbì"（人民元）です。金額の単位は"块"(元)，"毛"(角)，"分"。1块 = 10毛，1毛 = 10分。最大金額の紙幣は"一百块"。

話し言葉	块 kuài	毛 máo	分 fēn
書き言葉	元 yuán	角 jiǎo	分 fēn

100元　　=　　一百　块(钱)
　　　　　　　 yìbǎi　kuài(qián)

2750元　=　　两千　　七百　五十　块(钱)
　　　　　　　 liǎngqiān　qībǎi　wǔshí　kuài(qián)

値段のたずね方

① 多少　钱?　　　　　　　　　いくらですか。
　 Duōshao qián?

② 多少　钱　一　个?　　　　　ーついくらですか。
　 Duōshao qián yí ge ?

③ 十　块　钱　一　个。　　　　ーつ10元です。
　 Shí kuài qián yí ge.

※ 値段をいう場合，一般的に"是"を使わず，そのまま述語の位置に置きます。

ポイント **2**

形容詞が述語になる文

　形容詞が述語になる場合は動詞の"**是 shì**"はつけません。

　形容詞の前に通常"**很 hěn**"（とても）や"**真 zhēn**"（本当に）といった副詞を置きます。

肯定文	主語＋**副詞**＋形容詞
否定文	主語＋"**不**"＋形容詞
疑問文	主語＋形容詞＋"**吗**"?

　副詞がついていない形容詞述語文は比較のニュアンスが生まれるので，常に副詞を置きましょう。また，疑問文や否定文の場合は特に副詞をつける必要はありません。

① 饮料　很　便宜。　　　　　　　飲みものは（とても）安いです。
　　Yǐnliào　hěn　piányi.

② 邮局　不　远。　　　　　　　　郵便局は遠くありません。
　　Yóujú　bù　yuǎn.

③ 中国菜　　好吃　吗?　　　　　　中国料理は美味しいですか。
　　Zhōngguócài　hǎochī　ma?

④ 汉语　难　不　难?　（反復疑問文）　中国語は難しいですか。
　　Hànyǔ　nán　bu　nán?

よく使われる形容詞：远 (遠い) —— 近 (近い)　　难 (難しい) —— 容易 (やさしい)
　　　　　　　　　　 yuǎn　　　　　jìn　　　　　nán　　　　　　　róngyì
　　　　　　　　　　 热 (暑い) —— 冷 (寒い)　　漂亮 (美しい)
　　　　　　　　　　 rè　　　　　lěng　　　　piàoliang
　　　　　　　　　　 好吃 (食べものが美味しい) —— 好喝 (飲みものが美味しい)
　　　　　　　　　　 hǎochī　　　　　　　　　　　hǎohē

第**10**课

✏ **練 習**　日本語を中国語に訳してみよう。

1) 中国料理は美味しいです。

_____

2) 郵便局は遠いですか。

_____

◆ 本 文

中西： 服务员， 这 是 笔盒儿 吗？
Fúwùyuán, zhè shì bǐhér ma?

服务员： 不 是， 这 是 眼镜盒儿。
Bú shì, zhè shì yǎnjìnghér.

中西： 多少 钱？
Duōshǎo qián?

服务员： 六十 块 一 个。
Liùshí kuài yí ge.

中西： 太 贵 了，便宜 一点儿 吧。
Tài guì le, piányi yìdiǎnr ba.

服务员： 你 买 几 个？
Nǐ mǎi jǐ ge?

中西： 我 买 两 个。
Wǒ mǎi liǎng ge.

服务员： 两 个 一百 块，怎么样？
Liǎng ge yìbǎi kuài, zěnmeyàng?

新出単語

① 笔盒儿 bǐhér　　　ペンケース.
② 眼镜盒儿 yǎnjìnghér メガネケース.
③ 多少钱 duōshao qián　いくらですか.
④ 块 kuài　　　　量 〜元（人民元の単位）.
⑤ 个 ge　　　　量 広く使われてる量詞. 〜個.
⑥ 太…了 tài…le　　あまりに…だ.
⑦ 贵 guì　　　　形 （値段が）高い.

⑧ 便宜 piányi　　　形 安い.
⑨ 一点儿 yìdiǎnr　　名 少し.
⑩ 吧 ba　　　　助 命令文の文末に置
　　　　　　　　　いて語気をやわら
　　　　　　　　　げる.
⑪ 怎么样 zěnmeyàng　代 どうですか.

ワードバンク

口香糖 kǒuxiāngtáng ガム	/	巧克力 qiǎokèlì チョコレート	 三十块 sānshí kuài 30元
花茶 huāchá ジャスミン茶	/	普洱茶 pǔ'ěrchá プーアル茶	 八十块 bāshí kuài 80元
汽水儿 qìshuǐr サイダー	/	矿泉水 kuàngquánshuǐ ミネラルウオーター	 五块 wǔ kuài 5元
照相机 zhàoxiàngjī カメラ	/	手机 shǒujī 携帯電話	 一千块 yìqiān kuài 1000元

 本文とワードバンクの語句を使って空欄を埋め，会話練習をしてみよう。

A：服务员，这是（　　　）吗？　　B：不是，这是（　　　）。

A：多少钱？　　B：（　　　）块。

A：太（　　　）了，便宜一点儿吧。

B：（　　　）块，怎么样？

（売り主のつもりで値段をつけてみよう。）

◄)) 49

1 新出語句を書き取ってみよう。■■■■□□□□□□□□□□□□□□□□□□□□□□□□□□□□□□□□□

ピンイン　① _____　② _____　③ _____

簡体字 _____

ピンイン　④ _____　⑤ _____　⑥ _____

簡体字 _____

2 日本語の意味に合うように，語順を並べ替えてみよう。■■■■□□□□□□□□□□□□□□□□

1. これはペンケースではありません。

　　　　不　　这　　笔盒儿　　是

　_____

2. ちょっと高いですね。少し安くしてくれますか。

　　　　一点儿　　贵　　太　　吧　　便宜　　了

　_____

3. 10個で50元、いかがですか。

　　　　五十　　怎么样　　十个　　块

　_____

3 次の語を適切な場所に入れてみよう。

1) 一点儿——太贵（　　1　　）了，（　　2　　）便宜（　　3　　）吧。

2) 几个——你（　　1　　）想（　　2　　）买（　　3　　）?

4 空欄を埋めて，文章を訳してみよう。

中西想（　　　　　　）眼镜盒儿，眼镜盒儿六十（　　　　　　　）一个。中西说：“（　　　　　　）贵了，便宜（　　　　　　）吧。”服务员说：两个一百块，（　　　　　　）？”

Zhōngxī xiǎng（　　　　　　）yǎnjìnghér, yǎnjìnghér liùshí（　　　　　　）yí ge. Zhōngxī shuō:“（　　　　　　）guì le, piányi（　　　　　　）ba.”Fúwùyuán shuō:“Liǎng ge yìbǎi kuài,（　　　　　　）?”

日本語訳 _____

_____

5 第10課のエッセンス—四行会話をしっかり暗記しよう。

A　眼镜盒儿多少钱?　　　　　　Yǎnjìnghér duōshǎo qián?

B　六十块一个。　　　　　　　　Liùshí kuài yí ge.

A　太贵了，便宜一点儿吧。　　　Tài guì le, piányi yìdiǎnr ba.

B　两个一百块，怎么样?　　　　Liǎng ge yìbǎi kuài, zěnmeyàng?

聊天儿　　おしゃべりをする
Liáotiānr

🔊 50

年月日，曜日のいい方

一	九	九	八	年		二	○	二	四	年
Yī	jiǔ	jiǔ	bā	nián		èr	líng	èr	sì	nián

一月	二月	三月	……	十一月	十二月
yī yuè	èr yuè	sān yuè		shíyī yuè	shí'èr yuè

一日（号）	二日（号）	……	二十九日（号）	三十一日（号）
yī rì (hào)	èr rì (hào)		èrshijiǔ rì (hào)	sānshiyī rì (hào)

（「～日」の話し言葉は "**号** hào"）

星期一	星期二	星期三	星期四
xīngqīyī	xīngqī'èr	xīngqīsān	xīngqīsì
月曜日	火曜日	水曜日	木曜日

星期五	星期六	星期日（天）	星期几
xīngqīwǔ	xīngqīliù	xīngqīrì (tiān)	xīngqī jǐ
金曜日	土曜日	日曜日	何曜日

今天	十	月	十六	号，星期五。
Jīntiān	shí	yuè	shíliù	hào, xīngqīwǔ.

今日は 10 月 16 日、金曜日です。

年月日，曜日をいう場合，一般的に "**是**" を使わず，そのまま述語の位置に置きます。ただし，否定文の場合は "**不是**" を使います。

✏️ 練 習　　日本語を中国語に訳してみよう。

1) 今日は何曜日ですか。

　

2) 今日は水曜日です。

ポイント **2**

年齢のいい方

一岁	两岁	十岁	二十岁	七十五岁
yí suì	liǎng suì	shí suì	èrshí suì	qīshiwǔ suì
1歳	2歳	10歳	20歳	75歳

（2歳をいう場合，"**二岁**"とはいわず，"**两岁**"といいます。）

年齢をたずねるとき，日本と同じように相手によっていい方が変わります。

（子供に対して）　　　　　　　　　**几岁?**　Jǐ suì?
　　　　　　　　　　　　　　　　　何歳。

（若い人に対して）　　　　　　　　**多大?**　Duō dà?
　　　　　　　　　　　　　　　　　いくつですか。

（比較的年齢の高い人に対して）　　**多大岁数?**　Duō dà suìshu?
　　　　　　　　　　　　　　　　　おいくつですか。

比較的高齢の方に対して"**多大年纪** duō dà niánjì"ともいいます。
年齢を言う場合，一般的に動詞"**是**"を使わず，そのまま述語の位置に置きます。
ただし，否定文の場合は"**不是**"を使います。

① 我　今年　十八　岁。　　　　　私は今年18歳です。
　 Wǒ jīnnián shíbā suì.

② 我　爸爸　今年　四十六　岁。　父は今年46歳です。
　 Wǒ bàba jīnnián sìshiliù suì.

人称代名詞が親族や友人，所属団体などを修飾する場合，"**的**"が省略できます。

第 **11** 課

✏️ 練 習　　**日本語を中国語に訳してみよう。**

1）あなたは今年いくつですか（同年代の人に対して）。

――――――――――――――――――――――――――――

2）お母さんはおいくつですか。

――――――――――――――――――――――――――――

◆ **本 文**

高雪： 你　今年　多　大？
　　　Nǐ　jīnnián　duō　dà ?

中西： 我　今年　十八　岁。
　　　Wǒ　jīnnián　shíbā　suì.

高雪： 你　的　生日　几　月　几　号？
　　　Nǐ　de　shēngrì　jǐ　yuè　jǐ　hào ?

中西： 我　的　生日　六月　二十　号。
　　　Wǒ　de　shēngrì　liùyuè　èrshí　hào.

高雪： 你　家　有　几　口　人？
　　　Nǐ　jiā　yǒu　jǐ　kǒu　rén ?

中西： 有　四　口　人，　爸爸、　妈妈、　哥哥　和　我。
　　　Yǒu　sì　kǒu　rén,　bàba、　māma、　gēge　hé　wǒ.

高雪： 你　父母　多　大　岁数？
　　　Nǐ　fùmǔ　duō　dà　suìshu ?

中西： 我　爸爸　四十六　岁，
　　　Wǒ　bàba　sìshiliù　suì,

　　　妈妈　四十五　岁。
　　　māma　sìshiwǔ　suì.

新出単語

① 今年 jīnnián	名 今年.		に用いる.	
② 多大 duō dà	いくつですか.	⑨ 爸爸 bàba	名 父.	
③ 岁 suì	量 歳.	⑩ 妈妈 māma	名 母.	
④ 生日 shēngrì	名 誕生日.	⑪ 哥哥 gēge	名 兄.	
⑤ 月 yuè	名 月.	⑫ 和 hé	接 と.	
⑥ 号 hào	名 日.	⑬ 父母 fùmǔ	名 両親.	
⑦ 家 jiā	名 家.	⑭ 岁数 suìshu	名 年齢.	
⑧ 口 kǒu	量 家族の総人数を数える時			

ワードバンク

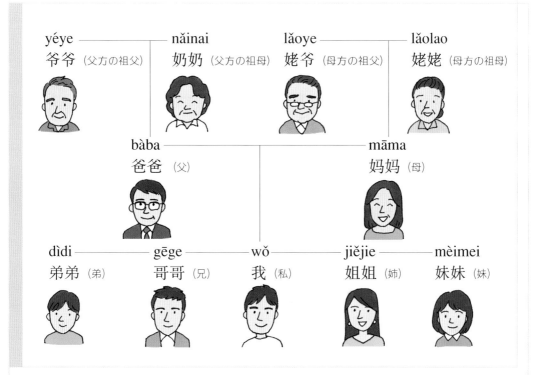

🖊 本文とワードバンクの語句を使って自分のことについて会話練習をしてみよう。

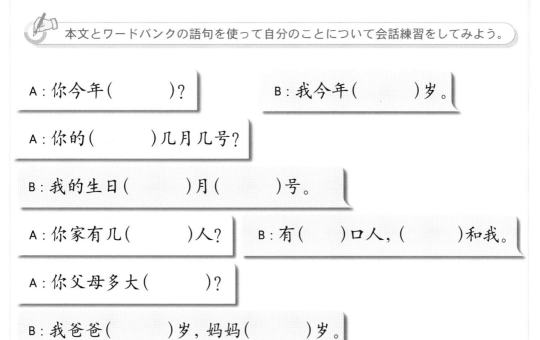

A：你今年（　　　　）？　　　　　　B：我今年（　　　　）岁。

A：你的（　　　　）几月几号？

B：我的生日（　　　　）月（　　　　）号。

A：你家有几（　　　　）人？　　B：有（　　）口人，（　　　　）和我。

A：你父母多大（　　　　）？

B：我爸爸（　　　　）岁，妈妈（　　　　）岁。

1 新出語句を書き取ってみよう。▨▨▨▨▨▨▨▨▨▨▨▨▨▨▨▨▨▨▨▨▨▨▨

　　　ピンイン　①＿＿＿＿＿＿　②＿＿＿＿＿＿　③＿＿＿＿＿＿

　　　簡体字＿＿＿＿＿＿＿＿＿＿＿＿＿＿＿＿＿＿＿＿＿＿＿＿＿＿＿

　　　ピンイン　④＿＿＿＿＿＿　⑤＿＿＿＿＿＿　⑥＿＿＿＿＿＿

　　　簡体字＿＿＿＿＿＿＿＿＿＿＿＿＿＿＿＿＿＿＿＿＿＿＿＿＿＿＿

2 日本語の意味に合うように，語順を並べ替えてみよう。▨▨▨▨▨▨▨▨▨▨▨▨▨▨

　　1. あなたの誕生日は何月何日ですか。

　　　　　生日　　几号　　你　　几月　　的

　　　＿＿＿＿＿＿＿＿＿＿＿＿＿＿＿＿＿＿＿＿＿＿＿＿＿＿＿＿＿＿

　　2. 私の家は四人家族です。

　　　　　四　　人　　有　　我家　　口

　　　＿＿＿＿＿＿＿＿＿＿＿＿＿＿＿＿＿＿＿＿＿＿＿＿＿＿＿＿＿＿

　　3. ご両親はおいくつですか。

　　　　　岁数　　父母　　多大　　你

　　　＿＿＿＿＿＿＿＿＿＿＿＿＿＿＿＿＿＿＿＿＿＿＿＿＿＿＿＿＿＿

3 次の語を適切な場所に入れてみよう。

1) 有 ── （　1　）他家（　2　）四口（　3　）人。

2) 多大 ── （　1　）你（　2　）爷爷（　3　）岁数?

4 中西さんの自己紹介文を読んでみよう。また例にしたがって自身の自己紹介文を書き，
発表してみよう。

　　我叫中西阳介，今年十八岁，我的生日六月二十号。我家有四口人，爸爸、妈
妈、哥哥和我。爸爸四十六岁，妈妈四十五岁。

　　Wǒ jiào Zhōngxī Yángjiè, jīnnián shíbā suì, wǒ de shēngrì liù yuè èrshí hào. Wǒ jiā
yǒu sì kǒu rén, bàba, māma, gēge hé wǒ. Bàba sìshiliù suì, māma sìshiwǔ suì.

自身の自己紹介文（簡体字で）：_____

_____

5 第11課のエッセンス─四行会話をしっかり暗記しよう。

A　你的生日几月几号?　　　　　Nǐ de shēngrì jǐ yuè jǐ hào?

B　我的生日六月二十号。　　　　Wǒ de shēngrì liù yuè èrshí hào.

A　你家有几口人?　　　　　　　Nǐ jiā yǒu jǐ kǒu rén?

B　有四口人，爸爸、妈妈、哥哥和我。

　　　　　　　　　　　　　　　Yǒu sì kǒu rén, bàba, māma, gēge hé wǒ.

第 12 课　**点菜**　料理を注文する
Diǎn cài

🔊 55

ポイント1

量詞

「～冊，～個，～台」などの「冊，個，台」に当たるものを「量詞」といいます。

数詞＋量詞＋名詞

よく使われる量詞

一**碗**汤（1杯のスープ） yì wǎn tāng	一**瓶**啤酒（1本のビール） yì píng píjiǔ	一**杯**水（1杯の水） yì bēi shuǐ	一**件**衣服（1着の服） yí jiàn yīfu
两**本**书（2冊の本） liǎng běn shū	三**张**桌子（3脚の机） sān zhāng zhuōzi	四**把**椅子（4脚の椅子） sì bǎ yǐzi	五**辆**汽车（5台の車） wǔ liàng qìchē

数字の「2」は，順序を表すときは"二èr"，数量を数えるときは"两liǎng"といいます。

① 来　一　碗　汤。スープを1杯ください。（注文する時に"来～"といいます。）
　 Lái　yì　wǎn　tāng.

② 你　买　几　本　书? 　あなたは何冊の本を買いますか。
　 Nǐ　mǎi　jǐ　běn　shū?

練習　日本語を中国語に訳してみよう。

1) ビールを1本ください。

_____

2) 私は本を2冊持っています。

_____

3) あなたの家に車は何台ありますか。

_____

ポイント 2

56

動詞の重ね型

同じ動詞をくりかえす形を「動詞の重ね型」といい,「ちょっと〜する」という意味を表します。

① 你 尝尝 吧。　　　　　　　　　味見をしてください。
Nǐ chángchang ba.

② 我 想 看看 你 父母 的 照片。　私はご両親の写真をちょっと
Wǒ xiǎng kànkan nǐ fùmǔ de zhàopiàn.　見たいです。

③ 我们 休息 休息 吧。　　　　　　ちょっと休みましょう。
Wǒmen xiūxixiuxi ba.

「ちょっと〜する」の他のいい方

④ 你 听一听。　　　　　　　　　　聞いてみてください。
Nǐ tīng yi tīng.

⑤ 请 等 一下。　　　　　　　　　　ちょっと待ってください。
Qǐng děng yíxià.

2音節動詞の場合,"休息一休息"のようないい方はしません。

練習　　日本語を中国語に訳してみよう。

第12課

1) 私はちょっと休みたい。

_____

2) 中国のビールを飲んでみて(味見して)ください。

_____

63

◆ 本 文

🔊 57

中西: 　服务员！
　　　　Fúwùyuán!

服务员: 您　好！您　点　菜　吗?
　　　　　Nín hǎo! Nín diǎn cài ma?

中西: 　对, 来　一　个　青椒　肉丝　和　一　个　麻婆　豆腐。
　　　　　Duì, lái yí ge qīngjiāo ròusī hé yí ge mápó dòufu.

高雪: 　再　来　一　份儿　炒饭　和　一　碗　鸡蛋　汤。
　　　　　Zài lái yí fènr chǎofàn hé yì wǎn jīdàn tāng.

服务员: 好　的。要　什么　饮料?
　　　　　Hǎo de. Yào shénme yǐnliào?

中西: 　来　一　瓶　可乐　和　一　杯　矿泉水。
　　　　　Lái yì píng kělè hé yì bēi kuàngquánshuǐ.

服务员: 想　不　想　尝尝　这儿　的　水饺儿?
　　　　　Xiǎng bù xiǎng chángchang zhèr de shuǐjiǎor?

高雪: 　那　来　一　份儿　吧。
　　　　　Nà lái yí fènr ba.

新出单語

① 点菜 diǎncài 　　　料理を注文する.
② 来 lái 　　　　　動 ください.
③ 青椒肉丝 qīngjiāo ròusī
　　　　　　　　　　名 チンジャオロース.
④ 麻婆豆腐 mápó dòufu 　名 マーボードォーフ.
⑤ 再 zài 　　　　　副 さらに.
⑥ 份儿 fènr 　　　　量 ～人前.
⑦ 炒饭 chǎofàn 　　名 チャーハン.
⑧ 碗 wǎn 　　　　　量 ～杯.
⑨ 鸡蛋汤 jīdàn tāng 名 たまごスープ.

⑩ 饮料 yǐnliào 　　　名 飲み物.
⑪ 瓶 píng 　　　　　量 ～瓶.
⑫ 可乐 kělè 　　　　名 コーラ.
⑬ 杯 bēi 　　　　　量 ～杯.
⑭ 矿泉水 kuàngquánshuǐ
　　　　　　　　　　名 ミネラルウォーター.
⑮ 要 yào 　　　　　助動 要る. ほしい.
⑯ 尝 cháng 　　　　動 味をみる.
⑰ 水饺儿 shuǐjiǎor 　名 水ギョーザ.
⑱ 那 nà 　　　　　接 では. じゃ.

ワードバンク

拼盘儿
pīnpánr
前菜

小笼包
xiǎolóngbāo
ショーロンポー

咖啡
kāfēi
コーヒー

色拉
sèlā
サラダ

锅贴儿
guōtiēr
焼きギョーザ

橙汁
chéngzhī
オレンジジュース

棒棒鸡
bàngbàngjī
バンバンジー

米粉
mǐfěn
ビーフン

葡萄汁
pútaozhī
葡萄ジュース

凉拌黄瓜
liángbàn huángguā
きゅうりの和え物

炒面
chǎomiàn
焼きそば

牛奶
niúnǎi
牛乳

✍ 本文とワードバンクの語句を使って空欄を埋め，会話練習をしてみよう。

A：您好！您点菜吗？

B：对，来一个（　　　　　）。

A：好的。

B：再来一份儿（　　　　　）。

A：要什么饮料？

B：来一杯（　　　　）。

A：想不想（　　　　）这儿的水饺儿？

B：那来一份儿吧。

🔊 59

1 新出語句を書き取ってみよう。 ■■■■■■■■■■■■■■■■■■■■■■■■■■■■■■■■■

ピンイン　①＿＿＿＿＿＿　②＿＿＿＿＿＿　③＿＿＿＿＿＿

簡体字＿＿＿＿＿＿＿＿＿＿＿＿＿＿＿＿＿＿＿＿＿＿＿＿

ピンイン　④＿＿＿＿＿＿　⑤＿＿＿＿＿＿　⑥＿＿＿＿＿＿

簡体字＿＿＿＿＿＿＿＿＿＿＿＿＿＿＿＿＿＿＿＿＿＿＿＿

2 日本語の意味に合うように，語順を並べ替えてみよう。 ■■■■■■■■■■■■■■■■■■■■

1. たまごスープを一杯と水餃子を一人前ください。

鸡蛋汤　　来　　水饺儿　　一碗　　一份儿　　和

＿＿＿＿＿＿＿＿＿＿＿＿＿＿＿＿＿＿＿＿＿＿＿＿＿＿

2. 飲み物は何にしますか。

什么　　要　　饮料　　您

＿＿＿＿＿＿＿＿＿＿＿＿＿＿＿＿＿＿＿＿＿＿＿＿＿＿

3. ここのショウロンポーを召し上がってみませんか。

这儿　　想不想　　小笼包　　的　　尝尝

＿＿＿＿＿＿＿＿＿＿＿＿＿＿＿＿＿＿＿＿＿＿＿＿＿＿

3 次の語を適切な場所に入れてみよう。

1) 来 —— （　1　）一个色拉和（　2　）一份儿（　3　）炒面。

2) 尝尝——想不想（　1　）这儿的（　2　）锅贴儿（　3　）？

4 空欄を埋めて，文章を訳してみよう。

　　　餐厅的（　　　　　）问中西："您要（　　　　　）菜吗？"中西说：
"（　　　　　）一个青椒肉丝和一个麻婆豆腐。"高雪说："（　　　　　）来一份儿
炒饭和一（　　　　　）鸡蛋汤。"

　　　Cāntīng de （　　　　　） wèn Zhōngxī: "Nín yào （　　　　　） cài ma?" Zhōngxī shuō:
"（　　　　　） yí ge qīngjiāo ròusī hé yí ge mápó dòufu." Gāo Xuě shuō: "（
　　　　　） lái yí fènr chǎofàn hé yì （　　　　　） jīdàn tāng."

日本語訳 _____

_____

5 第12課のエッセンス—四行会話をしっかり暗記しよう。

A　您点菜吗?　　　　　　　　　Nín diǎn cài ma?

B　对，来一个青椒肉丝和一个麻婆豆腐。

　　　　　　　　　　　　　　Duì, lái yí ge qīngjiāo ròusī hé yí ge mápó dòufu.

A　好的，要什么饮料?　　　　Hǎode, yào shénme yǐnliào?

B　来一瓶可乐和一杯矿泉水。　Lái yì píng kělè hé yì bēi kuàngquánshuǐ.

买足球票　サッカーのチケットを買う
Mǎi zúqiúpiào

🔊 60

ポイント**1**

時刻のいい方

1：00　一点 yì diǎn　　2：00　两点 liǎng diǎn
3：05　三点（零）五分 sān diǎn (líng) wǔ fēn
4：15　四点十五分 sì diǎn shíwǔ fēn ／四点一刻 sì diǎn yí kè
5：30　五点三十分 wǔ diǎn sānshí fēn ／五点半 wǔ diǎn bàn
8：45　八点四十五分 bā diǎn sìshiwǔ fēn ／八点三刻 bā diǎn sān kè
9：50　九点五十分 jiǔ diǎn wǔshí fēn ／差十分十点 chà shí fēn shí diǎn
何時　几点 jǐ diǎn

2時は"**两点**"といい，"二点"とはいいません。

① 现在　几　点?　　　　　　　　　　　　いま何時ですか。
　 Xiànzài jǐ diǎn?

② 现在　九　点　二十五　分。　　　　　　いま9時25分です。
　 Xiànzài jiǔ diǎn èrshiwǔ fēn.

時刻を表すことばは動詞の前に置きます。

　主語＋時刻＋動詞フレーズ

③ 比赛　六　点　半　开始。　　　　　　　試合は6時半から始まります。
　 Bǐsài liù diǎn bàn kāishǐ.

④ 我　每天　七点　起床。　　　　　　　　私は毎日7時に起きます。
　 Wǒ měitiān qīdiǎn qǐchuáng.

✏️ 練習　**日本語を中国語に訳してみよう。**

1）今2時15分です。

_____

2）あなたは毎日何時に起きますか。

_____

ポイント **2**

新事態の発生や，状態の変化を表す文末の"了 le"

　文末に"了"が置かれる場合，状況の変化や新しい事態が発生したことを表します。「～になった」というようなニュアンスです。動詞述語文だけではなく，形容詞述語文，名詞が述語になる文など，さまざまな文の文末につけることができます。

動詞述語文

主語＋動詞（＋目的語）＋"了"

形容詞述語文

主語＋形容詞＋"了"

名詞述語文

主語＋名詞（時間、年齢など）＋"了"

① 田中　老师　去　中国　了。　　田中先生は中国に行きました。
　 Tiánzhōng lǎoshī qù Zhōngguó le.

② 明天　的　机票　没有　了。　　明日の航空券はなくなりました。
　 Míngtiān de jīpiào méiyou le.

③ 她　漂亮　了。　　彼女はきれいになりました。
　 Tā piàoliang le.

④ 他　是　大学生　了。　　彼は大学生になりました。
　 Tā shì dàxuéshēng le.

⑤ 十二　点　了。　　12時になりました。
　 Shí'èr diǎn le.

練習　日本語を中国語に訳してみよう。

第 **13** 課

1) 彼はアメリカに行きました。

_____

2) 妹はきれいになりました。

_____

3) 私は20歳になりました。

_____

◆ 本文

🔊 62

中西： 今天　　晚上　　的　　比赛　　几　　点　　开始？
　　　 Jīntiān　wǎnshang　de　bǐsài　jǐ　diǎn　kāishǐ?

服务员： 七　　点　　半　　开始。
　　　　 Qī　diǎn　bàn　kāishǐ.

中西： 买　　两　　张　　今天　　晚上　　的　　票。
　　　 Mǎi　liǎng　zhāng　jīntiān　wǎnshang　de　piào.

服务员： 对不起，　今天　　晚上　　的　　没有　　了。
　　　　 Duìbuqǐ,　jīntiān　wǎnshang　de　méiyou　le.

中西： 是　　吗？　明天　　的　　比赛　　是　　哪儿　　对　　哪儿？
　　　 Shì　ma?　Míngtiān　de　bǐsài　shì　nǎr　duì　nǎr?

服务员： 是　　中国　　对　　日本。
　　　　 Shì　Zhōngguó　duì　Rìběn.

中西： 那　　来　　两　　张。
　　　 Nà　lái　liǎng　zhāng.

服务员： 好　的。　两　　张　　一百　　四十　　块。
　　　　 Hǎo　de.　Liǎng　zhāng　yìbǎi　sìshí　kuài.

新出単語

① 晚上 wǎnshang 　名 夜.
② 比赛 bǐsài 　名 試合.
③ 点 diǎn 　量 時刻を表す単位. 時.
④ 开始 kāishǐ 　動 始まる.
⑤ 半 bàn 　数 半. 30分.
⑥ 两 liǎng 　数 2つ.
⑦ 张 zhāng 　量 ～枚.
⑧ 票 piào 　名 チケット.
⑨ 是吗 shì ma 　そうですか.
⑩ 对 duì 　動 対する.

ワードバンク

京剧
jīngjù
京劇

六点三刻
liù diǎn sān kè
6時45分

杂技
zájì
雑技

七点五十分
qī diǎn wǔshí fēn
7時50分

音乐会
yīnyuèhuì
音楽会

八点一刻
bā diǎn yí kè
8時15分

电影
diànyǐng
映画

九点
jiǔ diǎn
9時

✏️ 本文とワードバンクの語句を使って空欄を埋め，会話練習をしてみよう。

A：今天晚上的（　　　　）几点开始？

B：（　　　　）开始。

A：我买两（　　　　）今天晚上的票。

B：对不起,今天晚上的没有（　　　　）。

A：明天晚上的有吗？　　　B：有。您要（　　　　）张？

A：要两张。

第13课

71

 ◀)) 64

1 新出語句を書き取ってみよう。■■■■■■■■■■■■■■■■■■■■■■■■■■■■■■■

ピンイン　①_____　②_____　③_____

簡体字 _____

ピンイン　④_____　⑤_____　⑥_____

簡体字 _____

2 日本語の意味に合うように，語順を並べ替えてみよう。■■■■■■■■■■■■■■■■■■■

　　1．今晩の試合は何時から始まりますか。

　　　　　比赛　　开始　　的　　几点　　今天晚上

　　_____

　　2．今晩のチケットを2枚ください。

　　　　　两张　　买　　今天晚上　　票　　的

　　_____

　　3．明日の試合はどこ対どこですか。

　　　　　哪儿　　明天　　对　　比赛　　的　　哪儿　　是

　　_____

3 次の語を適切な場所に入れてみよう。 ▨▨▨▨▨▨▨▨▨▨▨▨▨▨▨▨▨▨▨▨▨▨▨▨▨▨▨▨▨▨▨

1) 几点──今天晚上（　1　）的电影（　2　）开始（　3　）？

2) 了　──明天（　1　）的车票（　2　）没有（　3　）。

4 空欄を埋めて，文章を訳してみよう。 ▨▨▨▨▨▨▨▨▨▨▨▨▨▨▨▨▨▨▨▨▨▨▨▨▨▨▨▨▨

　　中西想买今天晚上（　　　　）足球票，可是（しかし）没有（　　　　），
只好（やむなく）（　　　　）明天的票。明天的比赛是中国（　　　　）日本。

　　Zhōngxī xiǎng mǎi jīntiān wǎnshang（　　）zúqiúpiào, kěshì méiyou（　　　），
zhǐhǎo（　　）míngtiān de piào. Míngtiān de bǐsài shì Zhōngguó（　　）Rìběn.

日本語訳 _____

_____

5 第13課のエッセンス─四行会話をしっかり暗記しよう。 ▨▨▨▨▨▨▨▨▨▨▨▨▨▨▨▨▨▨▨▨▨▨

A　今天晚上的比赛几点开始？　　　Jīntiān wǎnshang de bǐsài jǐ diǎn kāishǐ?

B　七点半开始。　　　　　　　　　Qī diǎn bàn kāishǐ.

A　买两张今天晚上的票。　　　　　Mǎi liǎng zhāng jīntiān wǎnshang de piào.

B　对不起，今天晚上的没有了。　　Duìbuqǐ, jīntiān wǎnshang de méiyou le.

第13課

做足底按摩　足裏マッサージ
Zuò zúdǐ ànmó

65

ポイント1

時間の長さのいい方

一天 yì tiān 1日	两天 liǎng tiān 2日間	一个星期 yí ge xīngqī 1週間	两个星期 liǎng ge xīngqī 2週間
一个月 yí ge yuè 1ヶ月	两个月 liǎng ge yuè 2ヶ月	一年 yì nián 1年	两年 liǎng nián 2年
一个小时 yí ge xiǎoshí 1時間	两个小时 liǎng ge xiǎoshí 2時間	半个小时 bàn ge xiǎoshí 30分	一个半小时 yí ge bàn xiǎoshí 1時間半
一分钟 yì fēn zhōng 1分間	两分钟 liǎng fēn zhōng 2分間	五分钟 wǔ fēn zhōng 5分間	一刻钟 yí kè zhōng 15分間
几个小时 jǐ ge xiǎoshí 何時間	几分钟 jǐ fēn zhōng 何分間	多长时间 duō cháng shíjiān どのくらいの時間	

時間の長さを表す言葉は動詞の後に置きます。

主語＋動詞＋**時間の長さを表すことば**＋目的語

① 我 看 两 个 小时 电视。　私は2時間テレビを見ます。
　Wǒ kàn liǎng ge xiǎoshí diànshì.

② 足底 按摩 要 一 个 小时。　足裏マッサージは1時間かかります。
　Zúdǐ ànmó yào yí ge xiǎoshí.

📝 **練 習**　日本語を中国語に訳してみよう。

1) 足裏マッサージは1時間半かかります。

_____

2) あなたは何時間テレビを見ますか。

_____

ポイント **2**

動作行為の完了を表す助詞 "了 le"

　動作行為の完了を表す助詞の "了" は動詞の直後につきます。目的語には必ず数量詞，時間の長さ，回数などの修飾語がついています。

主語＋動詞＋ "了" ＋数量詞など＋目的語

① 我　做了　一　个　小时　足底　按摩。　私は1時間の足裏マッサージをして
　 Wǒ　zuòle　yí　ge　xiǎoshí　zúdǐ　ànmó.　もらいました。

② 我　喝了　两　杯　咖啡。　　　私はコーヒーを2杯飲みました。
　 Wǒ　hēle　liǎng　bēi　kāfēi.

否定の場合は "不" ではなく "没（有）" を使い，助詞の "了" は消えます。

主語＋ "没（有）" 動詞＋目的語

③ 我　昨天　没　去　图书馆。　私は昨日図書館へ行きませんでした。
　 Wǒ　zuótiān　méi　qù　túshūguǎn.

「〜したら、・・・する」という**未来完了**の使い方もできます。

動詞1＋ "了" ＋目的語＋動詞2＋目的語

④ 我　下了　课　去　打工。　　私は授業が終わったらアルバイトに行きます。
　 Wǒ　xiàle　kè　qù　dǎgōng.

✎ 練 習　　日本語を中国語に訳してみよう。

1) 私は2時間テレビを見ました。

_____

2) 先生はコーヒーを飲みませんでした。

_____

3) 食事をしたらアルバイトに行きます。

_____

第**14**課

🔊 67

服务员： 您　　要　　按摩　　吗?
　　　　 Nín　 yào　 ànmó　 ma ?

中西： 对，　我　　想　　做　　足底　　按摩。
　　　 Duì,　 wǒ　 xiǎng　 zuò　 zúdǐ　　 ànmó.

服务员： 好　 的，　请　 跟　　我　　来。
　　　　 Hǎo　 de,　 qǐng　 gēn　 wǒ　 lái.

中西： 足底　　按摩　　要　 多　　长　　时间?
　　　 Zúdǐ　　 ànmó　　 yào　 duō　 cháng　 shíjiān ?

服务员： 大约　　要　　一　 个　　小时。
　　　　 Dàyuē　 yào　 yí　 ge　 xiǎoshí.

中西： 我　　还　 想　　按摩　　一下　　肩。
　　　 Wǒ　 hái　 xiǎng　 ànmó　 yíxià　 jiān.

服务员： 那　 做了　　足底　　按摩　　以后，　再　　按摩　 肩　　吧。
　　　　 Nà　 zuòle　 zúdǐ　　 ànmó　　 yǐhòu,　 zài　 ànmó　 jiān　 ba.

中西： 好　 吧。
　　　 Hǎo　 ba.

新出単語

① 按摩 ànmó	動 マッサージする.	⑪ 一下 yíxià	数量 ちょっと.
② 做 zuò	動 する. やる.	⑫ 肩 jiān	名 肩.
③ 足底 zúdǐ	名 足の裏.	⑬ 了 le	助 動詞の後ろについて,
④ 请 qǐng	動 どうぞ.		動作の実現, 完了を
⑤ 跟 gēn	動 後につき従う.		表す.
⑥ 要 yào	動 かかる. 必要とする.	⑭ 以后 yǐhòu	名 その後.
⑦ 多长 duōcháng	どのくらい長い.	⑮ 再 zài	副 さらに. それから.
⑧ 大约 dàyuē	副 およそ.	⑯ 吧 ba	助 ～しましょう.
⑨ 小时 xiǎoshí	名 時を数える単位. 時間.	⑰ 好吧 hǎo ba	よろしい.
⑩ 还 hái	副 さらに.		

ワードバンク

剪发
jiǎn fà
散髪する

四十分钟
sìshí fēnzhōng
四十分間

染发
rǎn fà
髪を染める

退房
tuì fáng
チェックアウト

十分钟
shí fēnzhōng
十分間

叫出租车
jiào chūzūchē
タクシーを呼ぶ

看牙
kàn yá
歯を治療する

半个小时
bàn ge xiǎoshí
三十分間

开药
kāi yào
薬を処方する

换电池
huàn diànchí
電池を交換する

一刻钟
yí kè zhōng
十五分間

换表带儿
huàn biǎodàir
時計のバンドを交換する

✍ 本文とワードバンクの語句を使って空欄を埋め，会話練習をしてみよう。

A：您要（　　　　）吗?

B：对，我想（　　　　）。

A：好的，请跟我来。

B：（　　　　）多长时间?

A：大约（　　　　）。

B：我还想（　　　　）。

A：那（　　　）了（　　　）以后，再（　　　）吧。

第14课

B：好吧。

77

1 新出語句を書き取ってみよう。■■■■■■■■■■■■■■■■■■■■■■■■■■■■

ピンイン　① _____　② _____　③ _____

簡体字 _____

ピンイン　④ _____　⑤ _____　⑥ _____

簡体字 _____

2 日本語の意味に合うように，語順を並べ替えてみよう。■■■■■■■■■■■■■■■■

1. 私は一時間半テレビを見ました。

　　　看　我　一个半小时　了　电视

　_____

2. 私は昨日アルバイトに行きませんでした。

　　　打工　我　去　昨天　没

　_____

3. 足裏マッサージをしてから肩を揉みましょう。

　　　再　做　足底按摩　了　肩　按摩　吧　以后

　_____

3 次の語を適切な場所に入れてみよう。 ■■■■■■■■■■■■■■■■■■■■■■■■■■■■■■■■■■

1) 多长时间——（　1　）剪发（　2　）要（　3　）？

2) 了——退（　1　）房（　2　）以后，再叫（　3　）出租车吧。

4 空欄を埋めて，文章を訳してみよう。 ■■■■■■■■■■■■■■■■■■■■■■■■■■■■■■

　　　中西要（　　　　　　）足底按摩，他（　　　　　　）想按摩肩。足底按摩
要一个（　　　　　　）。中西想做（　　　　　　）足底按摩以后，（　　　　　　）按
摩肩。

　　　Zhōngxī yào（　　　　　）zúdǐ ànmó, tā（　　　　　）xiǎng ànmó jiān. Zúdǐ
ànmó yào yí ge（　　　　　）. Zhōngxī xiǎng zuò（　　　　　）zúdǐ ànmó yǐhòu,
（　　　　　）ànmó jiān.

日本語訳

_____

_____

5 第14課のエッセンス—四行会話をしっかり暗記しよう。 ■■■■■■■■■■■■■■■■■■■■

A　足底按摩要多长时间？　　　　　Zúdǐ ànmó yào duō cháng shíjiān?

B　大约要一个小时。　　　　　　　Dàyuē yào yí ge xiǎoshí.

A　我还想按摩一下肩。　　　　　　Wǒ hái xiǎng ànmó yíxià jiān.

B　那做了足底按摩以后，再按摩肩吧。
　　　　　　　　　　　　　　　　Nà zuòle zúdǐ ànmó yǐhòu, zài ànmó jiān ba.

第15课 在前台 フロントで
Zài qiántái

◀))) 70

ポイント1

動作の対象を表す前置詞 "给 gěi"

"给" は前置詞で、「〜にしてくれる／あげる」、または「〜のために」というように、動作行為の対象を表します。

主語＋"给"＋名詞（対象者）＋動詞

① 我 给 朋友 买 礼物。　　私は友達にプレゼントを買います。
　Wǒ gěi péngyou mǎi lǐwù.

② 哥哥 给 我 修 电脑。　　兄は私のためにパソコンを修理してくれた。
　Gēge gěi wǒ xiū diànnǎo.

③ 他 给 我 发 短信。　　彼は私に（携帯から）メールを送ります。
　Tā gěi wǒ fā duǎnxìn.

このほか、"给" には「〜あげる，与える」という意味の動詞の使い方もあります。

④ 我 给 他 一 本 书。　　私は彼に本を1冊あげます。
　Wǒ gěi tā yì běn shū.

✎ 練 習　　日本語を中国語に訳してみよう。

1) 私は友達に（携帯から）メールを送ります。

_____

2) 彼は先生にプレゼントを買います。

_____

ポイント **2**

助動詞 "可以 kěyǐ", "能 néng"

1. "可以" は「(許可されて) ～できる」「～していい」ということを表し, 許可を求めるときはよく使われます。
  否定する場合は, "不可以" または "不行"(ダメです)と二つのいい方ができます。

| 主語＋ "**可以**" ＋動詞 (＋目的語) |

① 可以　喝　饮料　吗?　　　　　　　飲み物を飲んでもいいですか。
  Kěyǐ　hē　yǐnliào　ma?

　—可以。　　　　　　　　　　　　　いいですよ。
　　Kěyǐ.

② 这儿　可以　　照相　　吗?　　　　ここは写真を撮ってもいいですか。
  Zhèr　kěyǐ　zhàoxiàng　ma?

　—不　可以。／ 不行。　　　　　　だめです。
　　Bù　kěyǐ.　／ Bùxíng.

2. "能" は「(能力があり,または条件をそなえていて) ～できる」ことを表します。

| 主語＋ "**能**" ＋動詞 (＋目的語) |

① 田中　　能　看　中文　　小说。　田中さんは中国語の小説が読めます。
  Tiánzhōng néng　kàn zhōngwén xiǎoshuō.

② 他　十八　岁，不　能　喝　酒。　彼は 18 歳ですからお酒は飲めません。
  Tā　shíbā　suì,　bù　néng　hē　jiǔ.

✏ **練 習**　日本語を中国語に訳してみよう。

1) ここは飲み物を飲んでもいいですか。

第 **15** 課

_____

2) あなたは英語の小説が読めますか。

_____

◆ 本 文

🔊 72

服务员： 您 好，需要 帮忙 吗？
Nín hǎo, xūyào bāngmáng ma?

中西： 请 给 我 叫 一 辆 出租车。
Qǐng gěi wǒ jiào yí liàng chūzūchē.

服务员： 好 的。请 稍 等。
Hǎo de. Qǐng shāo děng.

中西： 可以 用 一下 笔 吗？
Kěyǐ yòng yíxià bǐ ma?

服务员： 可以。
Kěyǐ.

中西： 能 借用 一下 WiFi 吗？
Néng jièyòng yíxià WiFi ma?

服务员： 没 问题，给 您 密码。
Méi wèntí, gěi nín mìmǎ.

中西： 太 谢谢 了！
Tài xièxie le!

新出单語

① 需要 xūyào 动 必要とする.
② 帮忙 bāngmáng 动 手伝う. 助ける.
③ 给 gěi 介 ～に. ～のために.
④ 叫 jiào 动 呼ぶ.
⑤ 出租车 chūzūchē 名 タクシー.
⑥ 稍 shāo 副 少し. しばらく.
⑦ 可以 kěyǐ 助动 ～してよい.
⑧ 用 yòng 动 使う.
⑨ 笔 bǐ 名 ペン.
⑩ 能 néng 助动 ～できる.
⑪ 借用 jièyòng 动 借りる. 借用する.
⑫ 没问题 méi wèntí ワ 大丈夫だ.
⑬ 密码 mìmǎ 名 パスワード.

拿　白色的
ná báisè de
白いのをもってくる

试穿
shìchuān
試着する

包装一下
bāozhuāng yíxià
ちょっと包装する

开　发票
kāi fāpiào
領収証を出す

用手机
yòng shǒujī
携帯電話を使う

存行李
cún xíngli
荷物を預ける

换　座位
huàn zuòwèi
席を換える

吸烟
xī yān
タバコを吸う

开窗户
kāi chuānghu
窓を開ける

做　导游
zuò dǎoyóu
案内する

照相
zhàoxiàng
写真を撮る

合影
héyǐng
一緒に撮る

本文とワードバンクの語句を使って空欄を埋め，会話練習をしてみよう。

A：请给我（　　　　）。

B：好的。

A：谢谢。 这儿可以（　　　）吗?

B：（　　　）。

A：能（　　　）吗?

B：没问题。

第15课

1 新出語句を書き取ってみよう。▫▫▫▫▫▫▫▫▫▫▫▫▫▫▫▫▫▫▫▫▫▫▫▫▫▫▫▫▫▫▫

ピンイン　① _____　② _____　③ _____

簡体字 _____

ピンイン　④ _____　⑤ _____　⑥ _____

簡体字 _____

2 日本語の意味に合うように，語順を並べ替えてみよう。▫▫▫▫▫▫▫▫▫▫▫▫▫▫▫▫▫▫▫▫▫

1. タクシーを一台呼んでください。

　　　一辆　给　叫　出租车　我　请

_____

2. ちょっとペンを使ってもいいですか。

　　　一下　用　可以　笔　吗

_____

3. ちょっと WiFi を借りてもいいですか。

　　　WiFi　借用　能　吗　一下

_____

3 次の語を適切な場所に入れてみよう。

1) 给 ——请（　1　）我（　2　）开（　3　）发票。

2) 可以—— （　1　）这儿（　2　）喝饮料（　3　）吗?

4 空欄を埋めて，文章を訳してみよう。

中西想（　　　　）出租车，前台的服务员（　　　　）他叫了一辆。他问服务员："（　　　　）借用一下 WiFi 吗?"服务员说："可以,（　　　　）您密码。"

Zhōngxī xiǎng（　　　）chūzūchē, qiántái de fúwùyuán（　　　）tā jiào le yí liàng. Tā wèn fúwùyuán :"（　　　）jièyòng yíxià WiFi ma?" Fúwùyuán shuō :"Kěyǐ,（　　　）nín mìmǎ."

日本語訳

_____

_____

5 第15課のエッセンス―四行会話をしっかり暗記しよう。

A 请给我叫一辆出租车。　　　Qǐng gěi wǒ jiào yí liàng chūzūchē.

B 好的。请稍等。　　　　　　Hǎo de. Qǐng shāo děng.

A 可以用一下笔吗?　　　　　Kěyǐ yòng yíxià bǐ ma?

B 可以，没问题。　　　　　　Kěyǐ, méi wèntí.

打电话　電話をかける
Dǎ diànhuà

ポイント1

動作行為の進行を表す表現

動作行為の進行を表すには以下の表現ができます。

① 主語＋"**在**"＋動詞（＋目的語）
　　　　副詞"**在**"を用います。

② 主語＋動詞（＋目的語）＋"**呢**"
　　　　文末に"**呢**"を置きます。

③ 主語＋"**在**"＋動詞（＋目的語）＋"**呢**"
　　　　副詞"**在**"と文末の"**呢**"を一緒に用います。

"**呢**"をつけていうのは話し言葉によく用いられます。

① 老师 在 打 电话。　　　　先生は電話をかけています。
　 Lǎoshī zài dǎ diànhuà.

② 你 干 什么 呢?　　　　あなたは何をしていますか。
　 Nǐ gàn shénme ne ?

③ 他 在 吃饭 呢。　　　　彼はごはんを食べています。
　 Tā zài chīfàn ne.

否定文の場合，"**没在～**"を使います。

✎ 練習　日本語を中国語に訳してみよう。

1) 先生は何をしていますか。

_____

2) 先生はご飯を食べています。

_____

ポイント **2**

助動詞 "会 huì"

　"会" は「(学習や訓練を通して，技能や技術をマスターして)〜できる」という意味を表します。

主語＋ "会" ＋ 動詞フレーズ

① 他　会　弹　钢琴。　　　　彼はピアノが弾けます。
　 Tā　huì　tán　gāngqín.

② 我　不　会　做　菜。　　　私は料理ができません。
　 Wǒ　bú　huì　zuò　cài.

③ 你　会　打　网球　吗?　　あなたはテニスができますか。
　 Nǐ　huì　dǎ　wǎngqiú　ma?

④ 她　会　不　会　开车?　　彼女は運転ができますか。
　 Tā　huì　bu　huì　kāichē?

✏️ 練 習　　日本語を中国語に訳してみよう。

1) あなたはピアノが弾けますか。

_____

2) 私は運転が出来ます。

_____

3) 彼女はテニスができません。

_____

第 **16** 课

◆ 本文

中西： 喂， 高 雪 在 家 吗？
Wéi, Gāo Xuě zài jiā ma?

高雪： 我 就 是 高 雪。
Wǒ jiù shì Gāo Xuě.

中西： 我 是 中西。 你 干 什么 呢？
Wǒ shì Zhōngxī. Nǐ gàn shénme ne?

高雪： 我 在 上网 呢。
Wǒ zài shàngwǎng ne.

中西： 明天 我 想 约 你 去 看 画展。
Míngtiān wǒ xiǎng yuē nǐ qù kàn huàzhǎn.

高雪： 太 好 了。 我 对 画儿 很 感 兴趣。
Tài hǎo le. Wǒ duì huàr hěn gǎn xìngqù.

中西： 你 会 画 画儿 吗？
Nǐ huì huà huàr ma?

高雪： 会 一点儿。
Huì yìdiǎnr.

新出単語

① 喂 wéi	感 もしもし.	⑤ 约 yuē	動 誘う.
② 干 gàn	動 する. やる.	⑥ 画展 huàzhǎn	名 絵画展.
③ 呢 ne	助 動作，状況の継続を表す. ～している.	⑦ 对 duì	介 ～に対して.
④ 上网 shàngwǎng	動 インターネットに接続する.	⑧ 画画儿 huà huàr	動 絵をかく.
		⑨ 感兴趣 gǎn xìngqù	興味がある.
		⑩ 会 huì	助動 できる.

ワードバンク

🔊 78

写作业
xiě zuòyè
宿題をやる

打排球
dǎ páiqiú
バレーボールをやる

收拾房间
shōushi fángjiān
部屋を片付ける

打网球
dǎ wǎngqiú
テニスをやる

听录音
tīng lùyīn
録音を聴く

打乒乓球
dǎ pīngpāngqiú
卓球をやる

听音乐
tīng yīnyuè
音楽を聴く

打羽毛球
dǎ yǔmáoqiú
バドミントンをやる

 本文とワードバンクの語句を使って空欄を埋め，会話練習をしてみよう。

A：你干什么（　　　　）？

B：我在（　　　）呢。

A：明天我想（　　　）你去（　　　）。

B：太好了。

A：你会（　　　）吗?

B：会（　　　）。

第16课

89

1 新出語句を書き取ってみよう。■■■■■■■■■■■■■■■■■■■■■■■■■■■■■■■

ピンイン　①＿＿＿＿＿　②＿＿＿＿＿　③＿＿＿＿＿

簡体字　＿＿＿＿＿＿＿＿＿＿＿＿＿＿＿＿＿＿＿＿＿＿

ピンイン　④＿＿＿＿＿　⑤＿＿＿＿＿　⑥＿＿＿＿＿

簡体字　＿＿＿＿＿＿＿＿＿＿＿＿＿＿＿＿＿＿＿＿＿＿

2 日本語の意味に合うように，語順を並べ替えてみよう。■■■■■■■■■■■■■■■■■■

1. 私はいまインターネットに接続中です。

　　　上网　　呢　　在　　我

　　＿＿＿＿＿＿＿＿＿＿＿＿＿＿＿＿＿＿＿＿＿＿＿＿＿＿＿

2. 私はあなたを絵画展に誘いたいのですが。

　　　画展　　想　　你　　约　　看　　我　　去

　　＿＿＿＿＿＿＿＿＿＿＿＿＿＿＿＿＿＿＿＿＿＿＿＿＿＿＿

3. 私は絵にとても興味があります。

　　　画儿　　对　　感兴趣　　我　　很

　　＿＿＿＿＿＿＿＿＿＿＿＿＿＿＿＿＿＿＿＿＿＿＿＿＿＿＿

3 次の語を適切な場所に入れてみよう。

1) 会──你（　1　）打（　2　）乒乓球（　3　）吗?

2) 对──（　1　）我（　2　）音乐（　3　）很感兴趣。

4 空欄を埋めて，文章を訳してみよう。

高雪正 (ちょうど)（　　　　　　）上网，中西打电话（　　　　　　）她明天去
（　　　　　　）画展。高雪（　　　　　　）画儿很（　　　　　）兴趣。

Gāo Xuě zhèng（　　　　）shàngwǎng, Zhōngxī dǎ diànhuà（　　　　）tā míngtiān
qù（　　　　）huàzhǎn. Gāo Xuě（　　　　　）huàr hěn（　　　　）xìngqù.

日本語訳 _____

_____

5 第16課のエッセンス─四行会話をしっかり暗記しよう。

A　你干什么呢?　　　　　　　　　Nǐ gàn shénme ne?

B　我在上网呢。　　　　　　　　　Wǒ zài shàngwǎng ne.

A　明天我想约你去看画展。　　　　Míngtiān wǒ xiǎng yuē nǐ qù kàn huàzhǎn.

B　太好了，我对画儿很感兴趣。　　Tài hǎo le, wǒ duì huàr hěn gǎn xìngqù.

単語リスト

A

ànmó	按摩	マッサージする	〔14〕

B

ba	吧	～しましょう	〔14〕
bàba	爸爸	お父さん	〔11〕
bàn	半	半	〔13〕
bàn	半	半分	〔14〕ワ
bàngbàngjī	棒棒鸡	バンバンジー	〔12〕ワ
bāngmáng	帮忙	手伝う	〔15〕
báisè	白色	白い	〔15〕ワ
bāozhuāng	包装	包装する	〔15〕ワ
bēi	杯	～杯	〔12〕
biànlìdiàn	便利店	コンビニ	〔9〕ワ
biǎodàir	表带儿	時計のバンド	〔14〕ワ
biāozhǔnjiān	标准间	スタンダードルーム	〔8〕
Běijīngzhàn	北京站	北京駅	〔7〕
bǐ	笔	ペン	〔15〕
bǐhér	笔盒儿	ペンケース	〔10〕
bǐsài	比赛	試合	〔13〕
bù	不	いいえ	〔7〕
bú kèqi	不客气	どういたしまして	〔9〕
bú shì	不是	～ではない	〔7〕

C

cāntīng	餐厅	レストラン	〔7〕ワ
chá	茶	お茶	〔8〕ワ
cháng	尝	味をみる	〔12〕
chǎofàn	炒饭	チャーハン	〔12〕
chǎomiàn	炒面	焼きそば	〔12〕ワ
chéngzhī	橙汁	オレンジジュース	〔12〕ワ
chēpiào	车票	列車の切符	〔7〕
chēzhàn	车站	駅	〔9〕ワ
chī	吃	食べる	〔8〕ワ
chīfàn	吃饭	ごはんを食べる	〔7〕ワ
chuānghu	窗户	窓	〔15〕ワ
chūzūchē	出租车	タクシー	〔14〕ワ
cídiǎn	辞典	辞書	〔8〕ワ
cóng	从	～から	〔9〕
cún	存	貯める	〔7〕ワ

D

dǎ	打	やる	〔16〕ワ
dǎ diànhuà	打电话	電話をする	〔16〕
dǎgōng	打工	アルバイトをする	〔7〕ワ
dǎdī	打的	タクシーに乗る	〔7〕
dàolù	道路	道	〔9〕
dǎoyóu	导游	案内する	〔15〕ワ
dàxué	大学	大学	〔6〕
dàyuē	大约	およそ	〔14〕
de	的	～の～	〔6〕
diǎn	点	～時	〔13〕
diǎn cài	点菜	料理を注文する	〔12〕
diànchí	电池	電池	〔14〕ワ
diànnǎo	电脑	パソコン	〔15〕
diànshì	电视	テレビ	〔16〕ワ
diànyǐng	电影	映画	〔13〕ワ
diànyǐngyuàn	电影院	映画館	〔9〕ワ
dìdi	弟弟	弟	〔11〕ワ
dìtú	地图	地図	〔7〕ワ
duǎnxìn	短信	ショートメール	〔15〕
duì	对	そのとおり	〔6〕
duì	对	対する	〔13〕
duì	对	～に対して	〔16〕
duìbuqǐ	对不起	すまない	〔8〕
duō cháng	多长	どのくらい長い	〔14〕
duō dà	多大	いくつ	〔11〕
duōshao qián	多少钱	いくら	〔10〕

F

Fǎguórén	法国人	フランス人	〔6〕ワ
fángjiān	房间	部屋	〔8〕

fāpiào	发票	領収書	〔15〕ワ
fènr	份儿	～人前	〔12〕
fēnzhōng	分钟	分間	〔14〕ワ
fùmǔ	父母	両親	〔11〕
fúwùyuán	服务员	店員	〔8〕

G

gàn	干	する. やる	〔16〕
gǎn xìngqù	感兴趣	興味がある	〔16〕
gāngqín	钢琴	ピアノ	〔16〕
gāoxìng	高兴	うれしい	〔5〕
ge	个	～個	〔10〕
gēge	哥哥	お兄さん	〔11〕
gěi	给	～に.～のために	〔15〕
gēn	跟	後につき従う	〔14〕
Gōngyè Dàxué	工业大学	工業大学	〔6〕
gōngyuán	公园	公園	〔9〕ワ
guǎi	拐	曲がる	〔9〕
guì	贵	(値段が)高い	〔10〕
guìxìng	贵姓	お名前	〔5〕
guòlùrén	过路人	通行人	〔9〕
guōtiēr	锅贴儿	焼ギョーザ	〔12〕ワ

H

hái	还	さらに	〔14〕
Hánguórén	韩国人	韓国人	〔6〕ワ
Hànyǔ	汉语	中国語	〔7〕
hào	号	日	〔11〕
hǎo ba	好吧	よろしい	〔14〕
hǎo de	好的	よろしい	〔12〕
háohuájiān	豪华间	デラックスルーム	〔8〕
hǎohē	好喝	飲みものが美味しい	〔10〕
hē	喝	飲む	〔15〕
hé	和	と	〔11〕
hěn	很	とても	〔5〕
huāchá	花茶	ジャスミン茶	〔10〕ワ
huà huàr	画画儿	絵をかく	〔16〕
huàn	换	交換する	〔14〕ワ
huānyíng guānglín	欢迎光临	いらっしゃいませ	〔8〕
huānyínghuì	欢迎会	歓迎会	〔6〕

huàzhǎn	画展	絵画展	〔16〕
huì	会	できる	〔16〕
hùzhào	护照	パスポート	〔8〕

J

jīpiào	机票	航空券	〔13〕
jǐ	几	いくつ	〔6〕
jiā	家	家	〔11〕
jiān	肩	肩	〔14〕
jiǎn fà	剪发	散髪	〔14〕ワ
jiànzhùxué	建筑学	建築学	〔6〕
jiào	叫	～という名前である 〔5〕	
jiào	叫	呼ぶ	〔14〕ワ
jīdàn tāng	鸡蛋汤	たまごスープ	〔12〕
jiè	借	借りる	〔7〕ワ
jièyòng	借用	借りる. 借用する	〔15〕
jiē rén	接人	出迎える	〔7〕
jīngjù	京剧	京劇	〔13〕ワ
jìn	近	近い	〔10〕
jīnnián	今年	今年	〔11〕
jiù	就	まさに	〔7〕

K

kāfēi	咖啡	コーヒー	〔12〕ワ
kāi	开	出す	〔15〕ワ
kāichē	开车	運転する	〔16〕
kāishǐ	开始	始まる	〔13〕
kāi yào	开药	薬をもらう	〔14〕ワ
kàn shū	看书	読書する	〔7〕ワ
kàn yá	看牙	歯を治療する	〔14〕ワ
kělè	可乐	コーラ	〔12〕
kěyǐ	可以	～してよい	〔15〕
kǒu	口	～人(家族の総人数を数える時に用いる) 〔11〕	
kǒuxiāngtáng	口香糖	ガム	〔10〕ワ
kuài	块	～元	〔10〕
kuàicāndiàn	快餐店	ファーストフード店	〔8〕
kuàngquánshuǐ	矿泉水	ミネラルウォーター	〔10〕ワ

L

lái	来	ください	〔12〕
lǎolao	姥姥	母方の祖母	〔11〕ワ
lǎoshī	老师	先生	〔6〕
lǎoye	姥爷	母方の祖父	〔11〕ワ
le	了	〜した	〔14〕
lěng	冷	寒い	〔10〕
liáotiānr	聊天儿	おしゃべりをする	〔11〕
liǎng	两	二つ	〔13〕
liángbàn huánggua	凉拌黄瓜	きゅうりの和えもの	〔12〕ワ
lǜchá	绿茶	緑茶	〔8〕ワ
lùyīn	录音	録音	〔16〕ワ

M

ma	吗	〜か	〔6〕
mǎi	买	買う	〔7〕
mǎi dōngxi	买东西	ショッピングをする	〔10〕
māma	妈妈	お母さん	〔11〕
mápó dòufu	麻婆豆腐	マーボードーフ	〔12〕
Měiguórén	美国人	アメリカ人	〔6〕ワ
mèimei	妹妹	妹	〔11〕ワ
Měishù Dàxué	美术大学	美術大学	〔6〕ワ
méi wèntí	没问题	大丈夫だ	〔15〕
méiyou	没有	ない	〔8〕
mǐfěn	米粉	ビーフン	〔12〕ワ
mìmǎ	密码	パスワード	〔15〕

N

ná	拿	持つ	〔15〕ワ
nà	那	それでは	〔12〕
nǎinai	奶奶	父方の祖母	〔11〕ワ
nán	难	難しい	〔10〕
nánfāngrén	南方人	南方人	〔7〕
nǎr	哪儿	どこ	〔7〕
ne	呢	〜は？	〔5〕
ne	呢	〜している	〔16〕
něibianr	哪边儿	どちら側	〔9〕

něige	哪个	どの	〔6〕
néng	能	できる	〔15〕
nǐ	你	あなた.きみ	〔5〕
niánjí	年级	学年	〔6〕
nǐ hǎo	你好	こんにちは	〔5〕
nín	您	あなた"你"の敬称	〔5〕
niúnǎi	牛奶	牛乳	〔12〕ワ
Nóngyè Dàxué	农业大学	農業大学	〔6〕ワ

P

páiqiú	排球	バレーボール	〔16〕ワ
pángbiānr	旁边儿	そば	〔9〕
piányi	便宜	安い	〔10〕
piào	票	チケット	〔13〕
piàoliang	漂亮	美しい	〔10〕
píng	瓶	〜瓶	〔12〕
píngguǒ	苹果	リンゴ	〔8〕ワ
pīngpāngqiú	乒乓球	卓球	〔16〕ワ
pīnpánr	拼盘儿	前菜	〔12〕ワ
píxié	皮鞋	革靴	〔8〕ワ
pǔ'ěrchá	普洱茶	プーアル茶	〔10〕ワ
pútaozhī	葡萄汁	葡萄ジュース	〔12〕ワ

Q

qián	钱	お金	〔7〕ワ
qiánbianr	前边儿	前	〔9〕ワ
qiǎokèlì	巧克力	チョコレート	〔10〕ワ
qǐng	请	どうぞ	〔14〕
qīngjiāo ròusī	青椒肉丝	チンジャオロース	〔12〕
qǐngwèn	请问	おたずねします	〔5〕
qǐchuáng	起床	起きる	〔13〕
qìshuǐr	汽水儿	サイダー	〔10〕ワ
qǔ	取	引き出す	〔7〕ワ
qù	去	行く	〔7〕

R

rǎn	染	染める	〔14〕ワ
ránhòu	然后	それから	〔9〕
rè	热	熱い	〔10〕
rènshi	认识	知り合う	〔5〕
Rìběnrén	日本人	日本人	〔6〕

róngyì	容易	やさしい	〔10〕

S

sèlā	色拉	サラダ	〔12〕ワ
shàngwǎng	上网	インターネットに接続する	〔16〕
shāo	稍	少し．しばらく	〔15〕
shēngrì	生日	誕生日	〔11〕
shénme	什么	どのような	〔6〕
shì	是	である	〔6〕
shítáng	食堂	食堂	〔9〕
shìchuān	试穿	試着する	〔15〕ワ
shíjiān	时间	時間	〔14〕
shì ma	是吗	そうですか	〔13〕
shǒujī	手机	携帯電話	〔10〕ワ
shōushi	收拾	片付ける	〔16〕ワ
shū	书	本	〔7〕ワ
shūdiàn	书店	本屋	〔7〕ワ
shuǐguǒ	水果	果物	〔8〕ワ
shuǐjiǎor	水饺儿	水ギョーザ	〔12〕
sījī	司机	運転手	〔7〕
suānnǎi	酸奶	ヨーグルト	〔12〕ワ
suì	岁	歳	〔11〕
suìshu	岁数	年齢	〔11〕

T

tài~le	太~了	あまりに…だ	〔10〕
tán	弹	弾く	〔16〕
tīng	听	聴く	〔16〕ワ
tuì fáng	退房	チェックアウト	〔14〕ワ
túshūguǎn	图书馆	図書館	〔7〕ワ

W

Wàiyǔ Dàxué	外语大学	外国語大学	〔6〕ワ
wǎn	碗	～杯	〔12〕
wǎng	往	～へ行く	〔9〕
wǎngqiú	网球	テニス	〔16〕ワ
wǎnshang	晚上	夜	〔13〕
wéi	喂	もしもし	〔16〕
wènlù	问路	道をたずねる	〔9〕

wǒ	我	わたし	〔5〕
wūlóngchá	乌龙茶	ウーロン茶	〔8〕ワ

X

xiǎng	想	～したい	〔8〕
xiāngjiāo	香蕉	バナナ	〔8〕ワ
xiānsheng	先生	～さん	〔7〕
xià kè	下课	授業が終る	〔14〕
xiǎolóngbāo	小笼包	ショーロンポー	〔12〕ワ
xiǎoshí	小时	時を数える単位	〔14〕
xié	鞋	靴	〔8〕ワ
xiě	写	書く	〔16〕ワ
xièxie	谢谢	ありがとう	〔7〕
xìng	姓	～という姓である	〔5〕
xíngli	行李	荷物	〔15〕ワ
xìnyòngkǎ	信用卡	クレジットカード	〔8〕
xīyān	吸烟	タバコを吸う	〔15〕ワ
xiūxi	休息	休む	〔12〕
xūyào	需要	必要とする	〔15〕
xué	学	勉強する	〔7〕
xuésheng	学生	学生	〔6〕

Y

yǎnjìnghér	眼镜盒儿	メガネケース	〔10〕
yào	要	要る．ほしい	〔12〕
yào	要	かかる．必要とする	〔14〕
yě	也	～も	〔5〕
yéye	爷爷	父方の祖父	〔11〕ワ
yìdiǎnr	一点儿	少し	〔10〕
yǐhòu	以后	その後	〔14〕
yí kè	一刻	十五分	〔13〕
Yīkē Dàxué	医科大学	医科大学	〔6〕ワ
yí kè zhōng	一刻钟	十五分間	〔14〕ワ
yíngjiē	迎接	出迎える	〔5〕
Yīngyǔ	英语	英語	〔7〕
yínháng	银行	銀行	〔9〕
yǐnliào	饮料	飲み物	〔12〕
yīnyuèhuì	音乐会	音楽会	〔13〕ワ
yíxià	一下	ちょっと	〔14〕
yīyuàn	医院	病院	〔9〕ワ
yìzhí	一直	まっすぐに	〔9〕

yòng	用	使う	〔15〕
yòu	右	右	〔9〕
yǒu	有	ある.持っている	〔8〕
yóujú	邮局	郵便局	〔9〕
yuǎn	远	遠い	〔10〕
yuè	月	月	〔11〕
yuē	约	誘う	〔16〕
yǔmáoqiú	羽毛球	バドミントン	〔16〕ワ
yùndòngxié	运动鞋	運動靴	〔8〕ワ

Z

zázhì	杂志	雑誌	〔7〕
zájì	杂技	雑技	〔13〕ワ
zài	在	～にある	〔9〕
zài	再	さらに	〔12〕
zàijiàn	再见	さようなら	〔7〕
zěnme	怎么	どのように	〔9〕
zěnmeyàng	怎么样	どう、いかが	〔10〕
zhāng	张	～枚	〔13〕

zhàoxiàng	照相	写真を撮る	〔15〕ワ
zhàoxiàngjī	照相机	カメラ	〔10〕ワ
zhè	这	これ	〔8〕
zhèngjiàn	证件	証明書類	〔8〕
zhèr	这儿	ここ	〔7〕
Zhōngguórén	中国人	中国人	〔6〕
zhù	住	泊まる	〔8〕
zhùsù	住宿	宿泊する	〔8〕
zhuānyè	专业	専攻	〔6〕
zǒu	走	歩く	〔9〕
zúdǐ	足底	足の裏	〔14〕
zúqiú	足球	サッカー	〔13〕
zuò	做	する. やる	〔14〕
zuò cài	做菜	料理を作る	〔16〕
zuǒbianr	左边儿	左側	〔9〕
zuò dǎoyóu	做导游	案内する	〔15〕ワ
zuòwèi	座位	座席	〔15〕ワ
zuòyè	作业	宿題	〔16〕ワ

改訂版　しゃべっていいとも中国語

検印
省略

Ⓒ 2010 年 1 月 15 日　初 版 発 行
2023 年 1 月 31 日　第 19 刷発行
2024 年 1 月 31 日　改訂版発行

著　者　　　　　　　　　　　陳　淑　梅
　　　　　　　　　　　　　　劉　光　赤

発行者　　　　　　　　　　　小川　洋一郎
発行所　　　　　　　　株式会社 朝 日 出 版 社
〒 101-0065 東京都千代田区西神田 3-3-5
電話　(03) 3239-0271・72　(直通)
振替口座　東京　00140-2-46008
http://www.asahipress.com/
柳葉コーポレーション／図書印刷